Henri POUGET DE SAINT-ANDRÉ

LOS AUTORES OCULTOS
de la REVOLUCIÓN
FRANCESA

OMNIA VERITAS.

Henri Pouget de Saint-André
(1858-1932)

*LOS AUTORES OCULTOS DE LA REVOLUCIÓN FRANCESA
(A PARTIR DE DOCUMENTOS INÉDITOS)*

*Les auteurs cachés de la Révolution Française,
(d'après des documents inédits)*
1923, Librairie académique Perrin & Cie

Traducido al español y publicado por Omnia Veritas Limited

*Ø*MNIA VERITAS.

www.omnia-veritas.com

© Omnia Veritas Ltd - 2024

PRÓLOGO **11**

CAPÍTULO I **13**

   EL ENIGMA REVOLUCIONARIO 13

CAPÍTULO II **17**

   LOS MASONES 17

CAPÍTULO III **34**

   LOS ISRAELITAS 34

CAPÍTULO IV **50**

   LOS PROTESTANTES 50

CAPÍTULO V **61**

   LOS SUIZOS 61

CAPÍTULO VI **76**

   LA INVASIÓN EXTRANJERA EN 1789 76

CAPÍTULO VII **106**

   AUSTRIA 106

CAPÍTULO VIII **112**

   PRUSIA 112

CAPÍTULO IX **133**

   AGENTES INGLESES 133

CAPÍTULO X **158**

   DE DÓNDE VIENE EL DINERO 158

CAPÍTULO XI **173**

   INGLATERRA Y LA REVOLUCIÓN 173

DOCUMENTOS JUSTIFICATIVOS **207**

   DOCUMENTOS DIPLOMÁTICOS RELATIVOS A LA ACCIÓN INGLESA EN
   FRANCIA AL PRINCIPIO DE LA REVOLUCIÓN 207

   LA CONDENA DE LUIS XVI POR LA MASONERÍA 215

EXTRANJEROS EN LA LISTA DE MIEMBROS DEL CLUB JACOBINO EN 1790 218
CONGRESO DE FILALÈTHES (1785-1787) 220
YA PUBLICADO..**225**

PRÓLOGO

E n este volumen no atacaré ninguna forma de gobierno ni criticaré ninguna opinión política. Me esforzaré por estudiar con imparcialidad los antecedentes de la Revolución Francesa y, en palabras del difunto Albert Vandal, "presentar como historiador los hechos que pertenecen a la historia".

CAPÍTULO I

EL ENIGMA REVOLUCIONARIO

P arece, dijo una vez Robespierre a Amar, "que nos lleva una mano invisible que escapa a nuestro control: cada día el Comité de Seguridad Pública hace lo que decidió no hacer el día anterior. Hay una facción llevada a perderlo, sin que pueda descubrir a los directores[1] ".

Cuanto más se estudia la historia de la Revolución Francesa, más se tropieza con enigmas. En primer lugar, los escritores se contradicen en la mayoría de los puntos, de modo que si aceptáramos todas sus negaciones y rectificaciones, llegaríamos a la conclusión de que ¡no ocurrió prácticamente nada entre 1789 y 1793! En cuanto a los raros acontecimientos sobre los que están de acuerdo, nunca dan la misma explicación.

¿Por qué los Cuadernos de los Estados Generales parecen haber sido dictados por un comité oculto que sustituyó sus ideas por las de las distintas provincias francesas?[2] ¿Quién, entonces, se pregunta el Sr. L. Madelin,[3] después de haber hecho redactar

---

[1] Mémoires de MALLET DU PAN, t. II, p. 69.

[2] *Revista de Cuestiones Históricas.* Julio de 1910. Artículo de M. G. GAUTHEROT.

[3] *La Revolución Francesa*: MADELIN, p. 36.

los cuadernos, pagó la propaganda?

Ese mismo día, ¿quién anunció por toda Francia la llegada de bandoleros imaginarios, pretexto para armar al pueblo y crear una guardia nacional?[4]

¿Por qué, después de haber soportado a algunos soberanos bastante dudosos, los franceses guillotinaron al más bonachón, al que tenía las mejores intenciones?

Fue una asamblea monárquica, según admite el propio Sr. Aulard,[5] la que proclamó la república; nadie en Francia se llamó a sí mismo republicano, excepto un inglés, un prusiano y un belga, Thomas Paine, Anacharsis Cloots y François Robert.

¿El objetivo de la Revolución era la reforma de los abusos y la conquista de la libertad? Debería haberse detenido a finales de 1789. ¿Su objetivo era el cambio de régimen? Debería haber terminado el 10 de agosto. ¿Por qué, en palabras de Granier de Cassagnac[6] , las reformas que Luis XVI ofrecía a cambio de nada se compraron al precio de cuatro mil cincuenta mil cabezas?

¿Por qué derramó tanta sangre la Convención? Se ha dicho que las proscripciones se debían al odio del pueblo hacia las clases privilegiadas. ¿Cómo explicar entonces la baja proporción de aristócratas guillotinados, en torno al 5% de todos los condenados?

Los presidentes de la Convención pueden considerarse los más inmunes a la proscripción, ya que representaban a la mayoría de los proscritos. Estaban, como se suele decir, del lado del palo. ¿Qué explicación puede darse a su suerte: dieciocho fueron

---

[4] *Mémoires de Mme de la Tour du Pin*, p. 191. *Memorias de Pasquier*, etc.

[5] AULARD: *Histoire politique de la Révolution Française*, p. 87 y p. 175.

[6] Cassagnac: *Causas de la Revolución Francesa*.

guillotinados, ocho deportados, seis encarcelados, veintidós proscritos, tres se suicidaron y cuatro se volvieron locos?[7]

Todo el pueblo de Francia está contra nosotros", dijo Robespierre desde la tribuna del Club Jacobino. Nuestra única esperanza reside en los ciudadanos de París. - No confíes demasiado en eso", replicó Desfieux, "incluso en París tendríamos ventaja si el voto fuera secreto[8] ".

¿De dónde procede el ascendiente de Robespierre sobre hombres que le superaban en talento e inteligencia? Michelet, que no se cuenta entre los historiadores reaccionarios, observa que Robespierre era un pequeño abogado de figura mediocre, inteligencia mediocre y talento incoloro.

Como dice el Sr. G. Lebon en[9] , "Podemos explicar un tirano rodeado de un ejército, pero no la tiranía de un hombre sin soldados."

El partido que llevó a la Revolución a la violencia "estaba dirigido por una mano oculta que el tiempo no ha podido hasta ahora dar a conocer"[10].

Bailly, retomando también la idea de Robespierre, escribió en sus Mémoires[11] que, en cuanto se tomó la Bastilla, hubo "un motor invisible que sembró noticias falsas para perpetuar los disturbios". Este motor debió de contar con un gran número de agentes, y para haber seguido este abominable plan se necesita

---

[7] TAINE: *La Révolution Française*, t. III, p. 222.

[8] Buchez et Roux: *Histoire Parlementaire*, t. XX, p. 300. Sybel: *Histoire de l'Europe*, t. 1, p. 564.

[9] *La Révolution Française*, G. LEBON, p. 231.

[10] Alexis Dumesnil: *Prefacio a las Mémoires de Sénar*.

[11] *Mémoires* de Bailly, tomo II, p. 33.

una mente profunda y mucho dinero. Algún día descubriremos quién fue el genio infernal y quién proporcionó los fondos.

Por último, Lafayette también escribió el 24 de julio de 1789: "Una mano invisible dirige a la chusma".

"Cuanto más nos hemos acercado a los instrumentos y actores de esta catástrofe, más oscuridad y misterio hemos encontrado en ella, y esto no hará sino aumentar con el tiempo[12]."

Las mentes simples se contentaron con la explicación de Etienne Dumont: "La causa de la Revolución es la debilidad de Luis XVI". También es demasiado fácil atribuir los acontecimientos a la influencia del diablo, como hizo J. de Maistre; para los hombres que estudian seriamente la historia, hay algo más. Disraëli, un judío muy inteligente que ocupó un lugar destacado en la política inglesa, admitía: "El mundo está gobernado por personajes muy distintos de los que no están entre bastidores imaginan[13] ". Pero se cuidó de no nombrar a los líderes ocultos de la política. La erudita obra del Sr. G. Bord ha dado una explicación muy curiosa y bien documentada de los acontecimientos: la Revolución se debió a un complot masónico[14].

Sin duda hay mucho de cierto en esta afirmación; pero entonces nos topamos con otro enigma: si la Revolución la hizo la masonería, ¿por qué se cerraron las logias en 1793 y, sobre todo, por qué se guillotinó a tantos masones?

Pero veamos la hipótesis de la Revolución Masónica.

---

[12] *Mémorial de Ste-Hélène*. t. II, p. 82.

[13] DE LANNOY: *La Révolution préparée par la franc-maçonnerie*, p. 14.

[14] Gustave Bord: *El complot masónico de* 1789.

CAPÍTULO II

LOS MASONES

Los francmasones, sin duda por exceso de modestia, siempre han negado haber sido los autores de la Revolución Francesa. Sus adversarios políticos han sido tratados a menudo de fantasiosos que atribuyen actividades turbias a una sociedad de caridad; pero cuando se les pone al abrigo de oídos profanos, el lenguaje de los francmasones ya no es el mismo. El Hno. Sicard de Plauzoles acababa de declarar en el convento de 1913: "La Francmasonería puede considerar con legítimo orgullo la Revolución como su obra[15]. En el convento de 1910, fr. En el convento de 1910, fray Jouvin habla también de la acción masónica de 1789, afirmada también por fray Louis Blanc en su historia de la Revolución. Louis Blanc en su historia de la Revolución francesa.

Pero fue sobre todo el Congreso Masónico Internacional de 1889 el que proporcionó detalles interesantes sobre este tema. Con ocasión del centenario de nuestra Revolución, los Hnos. Amiable y Colfavru leyó dos informes bien documentados al Gran Oriente el 16 de julio, resumidos a continuación:

"A principios de 1789, los Francmasones tomaron parte activa en el gran y saludable movimiento que se produjo en el país. Su influencia fue preponderante en las asambleas del Tercer Estado,

---

[15] *La masonería* TOURMENTIN *desenmascarada.* 10 de marzo de 1911.

para la redacción de los cuadernos y para la elección de los cargos electos... Tuvieron un papel menos considerable en las asambleas de las dos órdenes privilegiadas. Sin embargo, la influencia de la francmasonería sigue siendo visible en las numerosas propuestas de reforma que figuran en los cuadernos de la nobleza y del clero...

Los francmasones penetraron en la Asamblea Nacional en gran número y, para mostrar el lugar que ocuparon desde el principio, basta con nombrar a tres de ellos: Lafayette, Mirabeau y Sieyès[16].

... El plan de la Encyclopédie había sido elaborado con once años de antelación por la masonería...

La Asamblea Nacional había dejado atrás los programas y los deseos expresados en cuadernos después de haber sido preparados en las logias. En 1789, la gran familia masónica francesa estaba en pleno apogeo. Había recibido a Voltaire en la famosa Logia de las Nueve Hermanas, presidida por Lalande. Conoció a Condorcet, Danton, Robespierre, Camille Desmoulins... Los más ilustres fundarían el nuevo edificio social y político sobre estos luminosos principios: Libertad, Igualdad, Fraternidad. Pero para cuando hubieran cumplido su sublime tarea, todos estarían muertos...

En 1792, los francmasones tuvieron que dedicarse a cumplir sus deberes cívicos, cada vez más numerosos: servicio en la Guardia Nacional, servicio militar, trabajo incesante de las sociedades populares para apoyar a la Asamblea Nacional, para frustrar las maniobras de los funcionarios del antiguo régimen que aún no habían sido sustituidos, elecciones repetidas, mandatos asumidos y funciones ejercidas a todos los niveles en

---

[16] Actas de las sesiones del Congreso Masónico Internacional de 1889. Informe del P. Amiable. Amiable, p. 68 y ss.

el municipio, el distrito, el departamento y el Estado. Por eso los templos masónicos, poco a poco desiertos, permanecieron vacíos.

Tras una asamblea general en diciembre de 1792, el Gran Oriente deja de funcionar a mediados de 1793. Un número muy reducido de logias aisladas pudo continuar su labor. Fue un eclipse de casi tres años[17].

Es lamentable que estos documentos no aporten una explicación a la pregunta que nos planteábamos al principio de este volumen: ¿cómo una asociación tan poderosa no pudo frenar el torrente revolucionario y oponerse a la proscripción de los masones más ilustres?

La acción masónica de 1789, ignorada por tantos historiadores, no es un descubrimiento reciente, puesto que ya en 1792, Le Franc escribía: "Todo lo que hemos visto realizado por los clubs había sido preparado largamente en las logias masónicas[18] ". Las revelaciones de Le Franc fueron también la causa de su condena a muerte.

Al igual que los clubes, la francmasonería es una importación inglesa[19]; la primera logia fue creada hacia 1725 en París por varios ingleses, el más notable de los cuales fue lord Derwent Waters, decapitado más tarde en Inglaterra por haber tomado las armas en favor del pretendiente Carlos Eduardo. En 1736, Lord Harnouester fue elegido Gran Maestre por las cuatro logias de París y le sucedió el duque de Antin. Ya bajo Luis XV, las doctrinas internacionalistas de la masonería empezaban a darse a conocer: sorprende leer la siguiente frase en un discurso del Gran

---

[17] Informe de F.·. Colfavru al congreso de 1889.

[18] N. Le Franc: *Conjuración contra la religión católica y los soberanos*.

[19] Según el *Précis sur la Franc-maçonnerie* de César Moreau, la existencia de esta sociedad secreta en Inglaterra se remonta a finales del siglo III.

Maestre en 1760: "El mundo entero no es más que una gran república, de la que cada nación es una familia". Fue para difundir estas máximas esenciales que nuestra sociedad fue establecida por primera vez."

Ciento cincuenta años más tarde, ésta es exactamente la conclusión del informe del Hno. Amiable al Congreso de 1889: "Una república universal y democrática es el ideal de la masonería". Amiable al Congreso de 1889: "Una república universal y democrática es el ideal de la Francmasonería".

En todas las épocas, un programa de paz y fraternidad universales debe atraer a muchos hombres con excelentes intenciones. Pero los acontecimientos de 1914 acaban de demostrar lo peligroso que es ceder a los sueños pacifistas, sugeridos por un vecino que se arma silenciosamente.

Tras el cierre de la Gran Logia de Francia en 1767, algunos talleres siguieron reuniéndose; algunas logias estaban bajo la jurisdicción de la Gran Logia de Inglaterra o de otras potencias extranjeras [20]. El cuadro de las logias masónicas en la correspondencia del Gran Oriente de Francia en 1789 muestra cuatro logias del Directorio Escocés y seis grandes logias provinciales, entre ellas una en Friedrichstein en Westfalia. En total, había 629 logias, 63 de ellas en París, 442 en las provincias, 38 en las colonias, 69 adscritas a cuerpos militares y 17 en países extranjeros.

Así pues, Inglaterra no había dejado de ejercer su influencia sobre la masonería francesa; volveremos sobre este importante detalle más adelante.

Bajo Luis XVI, la masonería había progresado rápidamente

---

[20] Compte rendu des séances du congrès maçonnique international de 1889. p. 66.

en Francia y se preparaba poco a poco para un cambio de régimen. El P. Amiable Así pues, Amiable tenía razón al concluir en su informe al congreso de 1889: "Los francmasones del siglo XVIII provocaron la Revolución Francesa".

Las órdenes privilegiadas se habían fusionado con el Tercer Estado en las logias antes de hacerlo en Versalles. Los oficiales de rango modesto tenían como subordinados en las logias a quienes les mandaban en el regimiento. El sargento de la Guardia Francesa celebraba reuniones con los oficiales generales[21]. Se puede adivinar cuál fue el resultado en términos de disciplina.

Por ejemplo, en la logia "Unión de Artillería de Toul", el sargento Compagnon, miembro venerable, era el superior del mariscal de campo d'Havrincourt[22]. Los más grandes señores y príncipes de la sangre se unieron poco a poco a la secta.

"Se les ocultaba cuidadosamente la existencia de los grados superiores; sólo sabían de la masonería lo que se les podía mostrar sin peligro". Como la secta incluía a un gran número de hombres "opuestos a todo proyecto de subversión social, los innovadores multiplicaron los grados de la escala que había que subir, creando trastiendas reservadas a las almas ardientes[23]." Fueron estas trastiendas las que prepararon y dirigieron la Revolución, mientras la mayoría de los miembros creían formar parte de una asociación filantrópica. Mientras las logias de París daban festines y banquetes, los masones extranjeros conspiraban activamente. Los Illuminati de Weishaupt planean derrocar a todas las monarquías. Según Gustave Bord, no predican el asesinato de soberanos, como a menudo se les ha acusado de hacer; si lo hicieran, inspirarían horror a la mayoría de los iniciados. La secta es mucho más formidable cuando pretende

---

[21] Actas de las sesiones del Congreso Masónico Internacional, p. 60.

[22] MADELIN: *La Révolution*, p. 24.

[23] Louis BLANC: *Historia de la Revolución Francesa*, t. II, cap. 2.

tener ideas generosas. Poco a poco crea un movimiento revolucionario de opinión y destruye el respeto de la gente por los reyes.

Los Illuminés nunca confían sus cartas a Correos; los miembros de la sociedad van de casa en casa para llevar y recibir avisos de interés para la asociación[24].

Sin embargo, se acepta que la muerte de Gustavo III fue un crimen cometido por los Illuminati. Si fueron sospechosos de otros asesinatos, hay que admitir que las apariencias estaban en su contra. Dos soberanos en Europa se declararon hostiles a la Revolución, el rey de Suecia y el emperador de Austria: el primero, contraviniendo los consejos de su embajador, Staël Holstein, quiso intervenir en Francia cuando fue asesinado. Se dice que el emperador murió como consecuencia de su libertinaje; sin embargo, es inevitable constatar que se encontraba bastante bien el 19 de febrero de 1790, en el baile de la corte, cuando una mujer enmascarada le ofreció un caramelo. Veinticuatro horas más tarde había muerto.

El hecho de que Mirabeau se pusiera del lado del rey podría haber detenido la Revolución. En cuanto las sociedades secretas empezaron a sospechar de él, se produjo un extraño incidente: Pellenc y Frochot, habiendo tomado café destinado a Mirabeau, enfermaron gravemente. Cuando el célebre tribuno cayó enfermo, pensó que había sido envenenado; se dio orden de decir que moría a consecuencia de sus excesos, como el emperador de Austria; sin embargo, siete médicos concluyeron que había sido envenenado: el Dr. Larue, el Dr. Chêvetel, el Dr. Forestier, el Dr. Paroisse, el Dr. Roudel, el Dr. Couad y el Dr. Soupé[25]. Fourcroy, futuro miembro de la Académie des Sciences, declaró al Cahier de Gerville que Mirabeau había sucumbido a un veneno mineral,

---

[24] *Revue des Sociétés Secrètes,* 20 de mayo de 1913.

[25] *Mémoires de Mirabeau,* t. VIII, p. 464.

y que se guardó silencio para evitar disturbios[26].

Hay que admitir que el azar sirvió admirablemente a los planes revolucionarios, lo que explica las acusaciones imposibles de probar.

Gustave Bord negó los crímenes atribuidos a los masones, pero reconoció que los Illuminati de Baviera trabajaban *"por todos los medios posibles"* para derribar gobiernos monárquicos.

He aquí lo que dijo Cagliostro sobre su iniciación en la secta: "Los primeros golpes de la conspiración contra los tronos debían llegar a Francia; tras la caída de la monarquía, Roma debía ser atacada". Cagliostro se enteró de que la sociedad secreta de la que ahora era miembro tenía fuertes raíces y poseía un fondo de guerra. "Recibió una gran suma de dinero, destinada a gastos de propaganda, instrucciones de la secta y partió hacia Estrasburgo[27]. Dos delegados, Busche y Bode, fueron enviados entonces a París para llegar a un acuerdo con las logias francesas. Según las memorias de Georgel, los dirigentes de la secta decidieron empezar en Francia porque Alemania aún no estaba preparada para la Revolución. ¿Por qué no suponer también que nuestra monarquía católica no simpatizaba con el israelita Weishaupt? Fue él quien envió a su correligionario Cagliostro a preparar a la masonería francesa para que aceptara el liderazgo de los Illuminati alemanes. Fue él quien intentó crear una federación internacional de logias[28]. Al mismo tiempo, Thomas Ximenès viajaba por Europa con una misión de la secta;

---

[26] *La Révolution, La Terreur, Le Directoire,* de DESPATYS (basado en las memorias de A. GAILLARD, Presidente del Directorio Ejecutivo de Seine-et-Marne).

[27] Louis BLANC: *La Révolution Française,* t. II, cap. 2.

[28] Informe leído en la sesión plenaria de las logias Paz y Unión y Libre Conciencia en el Orient de Nantes el 23 de abril de 1883. Dasté: *Marie Antoinette et la Révolution,* p. 194. Omnia Veritas Ltd, www.omnia-veritas.com.

Cagliostro se reunía con él en un gran número de ciudades, siempre bajo diferentes nombres y disfraces, repartiendo dinero por todas partes.

Durante su viaje a Berlín, Mirabeau entró en contacto con los Illuminati, y merece la pena comparar su opinión de entonces con su conducta posterior. Su partido", escribió, "está ganando terreno de la manera más espantosa". La anécdota se sustituye por puntos suspensivos en las distintas ediciones de las obras de Mirabeau; el manuscrito se encuentra en los archivos del Ministerio de Asuntos Exteriores[29].

"Dos hombres de nacimiento distinguido, ambos en el servicio, ambos todavía celosos francmasones, habían creído ver en las sociedades masónicas algunos recursos, uno para su ambición, el otro para la humanidad... Estaban destinados a los más altos rangos... Fueron iniciados el mismo día, uno en Berlín, el otro en Breslau....

Se exige al receptor que ayune durante 24 horas... luego se le obliga a beber un licor espirituoso, y se le coloca en una habitación tapizada de negro, iluminada por tres velas amarillas. Cinco hombres, vestidos de magos, aparecen y se sientan sobre cojines; se oyen varios golpes terribles, seguidos de gemidos y convulsiones. Un hombre se acerca al iniciado y le coloca en la frente una cinta de aurora cubierta de caracteres plateados; una segunda cinta, marcada con varias cruces dibujadas con sangre, se coloca alrededor de su cuello. Por último, se le entrega una segunda cruz de cobre con jeroglíficos, una especie de amuleto recubierto de tela y un trozo de alumbre, que se supone debe llevarse a la boca cuando aparezca el espíritu infernal que ha sido evocado...

Consistía en la promesa de revelar al jefe de la orden cualquier

---

[29] Prusia: Memorias y documentos, v. 14.

secreto que pudiera ser confiado o descubierto, de explorar todo lo que fuera importante saber; de utilizar el hierro o el veneno si fuera necesario; de poner en ridículo a aquellos cuyos días fuera imprudente acortar. (Esta parte del juramento incluye las palabras: *honora semper aquam nefariam)*. Someter cualquier religión, cualquier promesa, cualquier deber, cualquier sentimiento a la decisión de los jefes. Dar el derecho de muerte a cualquiera que pudiera ser convencido de haber traicionado los secretos que se les habían confiado.

Este execrable juramento horrorizó tanto a los prosélitos que declararon que no podían prestarlo. Estos son los detalles literalmente concordantes revelados por dos hombres) reputados como personas de honor, sin consultarse ni verse. Que no se diga: ¿Pero cómo siguen vivos estos dos hombres? Porque, aparte de que uno de ellos, el más sagaz, se está marchitando visiblemente, no fue bajo Federico II que se pudo hacer desaparecer a dos oficiales distinguidos.

... Esta secta homicida, que tiene a reyes, filósofos y mentes valientes bajo la punta de la espada o el veneno, tiene líderes, ministros y una comunicación regular. Los jefes provinciales han sido convocados a Berlín por su sumo sacerdote, el ambicioso Welner.

Al año siguiente, los delegados de los Illuminés en París fueron presentados por Mirabeau a la logia Amis Réunis, y se concluyó una alianza entre la francmasonería francesa, los Illuminés y los Martinistas. ¿A qué se debió este giro del célebre orador? Probablemente la influencia de la bella Henriette Herz; en todos los tiempos la belleza de las mujeres judías ha sido uno de los instrumentos de la conquista israelita. El salón Mendelssohn, donde Mirabeau conoció a Henriette Herz, era un lugar de encuentro de los Illuminati. Si rechazamos esta hipótesis, aún podríamos suponer que se cerró un trato en un momento en que Mirabeau necesitaba dinero.

La logia "Amis Réunis", donde Mirabeau presentó a los

delegados alemanes, se encargaba especialmente de las relaciones exteriores. Presidida por Savalète de Lange, estaba dirigida por un comité secreto compuesto por Willermoz, Court de Gébelin, Bonneville, Mirabeau y Chappe de la Heuzière, diputado martinista en el Congreso de Willhemsbad. Este comité ya había convocado un convento internacional el 15 de febrero de 1885, al que asistieron Talleyrand, Cagliostro, St-Martin, Mirabeau y St-Germain. Si pudieran descubrirse las actas de estas reuniones, proporcionarían sin duda la clave de la mayoría de los acontecimientos de la Revolución. Pero los informes publicados por el *Monde Maçonnique* [30] han suprimido cuidadosamente todo lo relacionado con la política.

No obstante, contienen una lista importante y edificante sobre la que llamamos la atención de los autores que niegan la acción de los extranjeros en la Revolución Francesa.

Entre los miembros del Convento, la mayoría de los cuales participaron en las votaciones, se encontraban:

Príncipe Fernando de Brunswick.

Príncipe Carlos de Hesse.

Príncipe Luis de Hesse.

Príncipe Frédéric de Hesse.

General Rheinsfort (en Londres).

Barón de Bentz, Canciller de Sajonia.

Príncipe de Nassau.

Duque de Luxemburgo.

Barón de Seckendorf (en Anspach).

---

[30] El convento filalético, 1785-1787. *Mundo Masónico*, v. XIV y XV. Véanse los documentos de apoyo.

Maubach (en Londres).

D'Ester (en Hamburgo).

Brooks (en Londres).

Schmerber (en Fransfort).

Boode, concejal de Weimar.

Heseltine (en Londres).

El Margrave de Anspach.

Baron Decking (en Varsovia).

Barón de Ditfurth, Weimar.

Conde d'Esterrazzi[31] , en Viena.

Deick, profesor en Leipsick.

D'Haugwitz[32].

Forster.

Barón de Gleichen (en Ratisbona).

Príncipe de Anhalt (en Hamburgo).

Hemerberg (en Fráncfort).

Matolay (en Vienne).

Docteur Prévost (Galicia).

De Roskampf, concejal de Heilbronn.

Doctor Stark (en Darmstadt).

De Toll (Estocolmo).

Toedon, cirujano del ejército en Berlín.

---

[31] Respetamos la ortografía del *mundo masónico.*

[32] Se trata, obviamente, del consejero del rey de Prusia, del que hablaremos más adelante.

Conde Zapary (Viena).

Conde de Wachter (Fráncfort).

Conde de Stroganoff (St-Pélersbourg).

Conde Wolner (Berlín).

Barón de Sibal (Estocolmo).

De Bernières, Cre général des Suisses.

Kœner (en Leipsick).

Conde de Brülh, teniente general al servicio de Sajonia...

Barón de Beulwiz (Gondelstadt-Turingia).

De Falgera[33] , (Múnich), etc.

Debido a este sorprendente número de francmasones extranjeros, se aprobó la siguiente resolución: "Se celebrarán dos protocolos, uno en alemán dirigido por el Hno. Baron de Gleichen y otro en francés dirigido por el Hno.·. de Chefdebien. Baron de Gleichen y el otro en francés dirigido por Fr.-. de Chefdebien[34]."

Ya el asunto del collar, hábilmente urdido por la logia des Amis Réuni[35] , había comprometido a la reina, desacreditado al episcopado y acentuado las desavenencias entre la corte y el parlamento. Goethe sugirió que este asunto fue "el prefacio inmediato y el fundamento de la Revolución[36]. Ya en 1786, Cagliostro predijo la destrucción de la Bastilla y algunos de los

---

[33] El informe señala que FALGERA se encuentra en París con "la famosa señorita Paradis".

[34] *Mundo Masónico*, v. XIV, p. 104.

[35] DESCHAMPS: *Les sociétés secrètes*, t. II, p. 129.

[36] FUNK BRENTANO: *L'affaire du collier,-*, p. 2 y ss.

acontecimientos que tuvieron lugar tres años más tarde[37].

Poco a poco, la masonería invade los parlamentos y el entorno de Luis XVI, y funda 81 logias en París y más de 200 en las provincias[38].

Los parlamentarios pertenecían a la Estricta Observancia de los Templarios Reformados de Alemania, cuyo Gran Maestre era el duque Fernando de Brunswick; fue esta última agrupación "la que realizaría el primer y más grave asalto a la monarquía[39].

La influencia prusiana en la masonería no era nueva: Ya en 1762, una comisión reunida en Burdeos redactó los estatutos del rito escocés. Sabemos que este rito constituye una especie de aristocracia dentro de la masonería. El artículo 3 establece "un Consejo Soberano compuesto por los presidentes de los consejos particulares, bajo la presidencia del Soberano de Soberanos, Su Majestad Federico II, rey de Prusia, o de su representante[40] ".

Federico II se interesó por el trabajo de las logias, mientras que el duque de Orleans sólo asistía a fiestas y banquetes. En 1786, pocos meses antes de su muerte, el rey de Prusia presidió en persona el Consejo Supremo, que aumentó el número de grados del Rito Escocés a 33[41].

La Logia Unión de Fráncfort declaró que no reconocía otra

---

[37] DE LANNOY: *La Révolution préparée par la franc-maçonnerie,* p. 39. Omnia Veritas Ltd, www.omnia-veritas.com.

[38] BARRUEL: *Mémoires sur* le *Jacobinisme,* v. p. *65.*

[39] G. BORD: *Autour du Temple,* t. II, p. 501.

[40] Organización en Francia de los 33 grados del rito escocés (Le *Monde maçonnique.* v. III, p. 155).

[41] Informe de Bro. PYRON.

autoridad que la Gran Logia de Londres[42].

Otro detalle indica el acuerdo entre la masonería inglesa y la prusiana: el 10 de febrero de 1790, el príncipe Eduardo de Inglaterra, el duque de Kent y el príncipe Augusto Federico duque de Sussex fueron admitidos como miembros de una logia berlinesa[43].

Los revolucionarios habían descubierto en la familia real a un hombre ambicioso dispuesto a derrocar a Luis XVI para ocupar su lugar; este príncipe sin escrúpulos era lo suficientemente poco inteligente como para creer que el lema masónico L. P. D. *(Lilia pedibus destrue),* significaba Luis Felipe de Orleans. Como además poseía una magnífica fortuna, sería el líder ideal: se le utilizaría para lanzar el movimiento y luego se desharían de él. Así pues, el duque de Orleans fue nombrado Gran Maestre de la Francmasonería en 1771, a la muerte de Cte de Clermont. Pero su papel se limitó a aparecer de vez en cuando en ocasiones ceremoniales[44].

A finales de 1788, dos de los directores de los Illuminati alemanes, Bode y Knigge, viajaron a París para activar los preparativos. En la apertura de los Estados Generales, se fundó una logia de propaganda en el número 26 de la calle Richelieu; el duque de Orleans aportó 400.000 francos, y las suscripciones, cuyas listas no se encuentran, sumaron 1.100.000 francos. Entre sus miembros figuraban los ingleses Boyle, O'Kard, O'Connor, Price y William Howard, los genoveses Clavière, Duroveray y Verne, los españoles Benarvides, St Severanda, d'Aguilar, d'Oyoso, el alemán Grimm y otros. Lord Stanhope, uno de los líderes de la masonería inglesa, era un visitante frecuente. Esto

---

[42] Findel: *Histoire de la franc-maçonnerie,* t. I p. 342.

[43] *Id.* en vol. II, p. 14, F.-. FINDEL niega por otra parte la acción de la Francmasonería sobre la Revolución Francesa.

[44] Informe del Congreso Masónico de 1889, p. 52.

demuestra hasta qué punto la masonería parece haber sido influenciada por extranjeros. Además, Cagliostro admitió durante su juicio que había recibido la misión de preparar a las logias francesas para que aceptaran el liderazgo de los Illuminati alemanes.

El conde de Haugwitz, uno de los dirigentes de la masonería prusiana, confesó al abandonar la secta que la Revolución Francesa, el regicidio, etc., habían sido resueltos en Alemania por la masonería[45]. Esto explica la palabra atribuida a Mirabeau; señalando a Luis XVI en la apertura de los Estados Generales, se dice que el tribuno exclamó: "Aquí está la víctima".

Cabe señalar que de los 605 diputados del Tercer Estado, 477 pertenecían a la masonería.

Después del 17 de junio de 1789", escribe el juez Colliette Mégret al ministro del Interior François, "se hubiera creído estar en una logia de la Asamblea Nacional". La masonería contribuyó prodigiosamente a la Revolución[46]. " Mégret informa del renacimiento de la masonería en Germinal An VII: "Las logias parecen reconstruirse por todas partes. Sólo se aceptan ciudadanos probados por su odio a la realeza y a la anarquía, y por su apego a la república y a la Constitución del Año III. Cualquier miembro que varíe en este aspecto será expulsado y proscrito".

En resumen, la masonería ha sido un maravilloso instrumento de demolición; pero parece haber sido empleada por la mano invisible de la que habla Robespierre. El impulso parece haber venido de Alemania e Inglaterra. Una vez derrocada la monarquía, el poder de la masonería declinó, en el preciso

---

[45] Véase el artículo sobre la condena de Luis XVI por la masonería en los documentos complementarios.

[46] Archivos nacionales. F[7] 7566 R[1] 630.

momento en que los extranjeros ya no necesitaban sus servicios. Durante el Terror, las principales logias cerraron y muchos de los líderes de la secta fueron proscritos. Hubo que esperar hasta 1795 para que Rœltier de Montaleau reactivara las logias. La primera gran fiesta organizada en París por 18 logias tuvo lugar en 1797. F.-. Colfavru señala en [47] que "bajo el hombre siniestro de Brumaire, la masonería se desarrolló... pero sólo pudo vivir halagando al déspota". Seguirá haciendo protestas de devoción y lealtad al Imperio, a la Restauración, a Luis Felipe, a Napoleón III, etc., y podemos decir con F.-. Colfavru: "Nada hay más miserable que estas adulaciones, estas adulaciones del poder[48]".

Quienes no quieran admitir el liderazgo anglo-prusiano de la masonería en 1789, pueden explicar el papel de la secta por la antigua tradición templaria: desde la muerte de Jacque Molay, los templarios siempre han planeado vengarse del rey de Francia y del Papa. M. Tourmentin, célebre escritor antimasón, ha recogido numerosos documentos curiosos sobre los orígenes templarios de la masonería. Por otra parte, el Hno. Jouaust [49] niega esta hipótesis y aporta argumentos bastante buenos en favor de un origen puramente inglés.

Sea como fuere, la influencia inglesa e incluso la prusiana durante el periodo revolucionario parecen indiscutibles.

Tras la caída de la monarquía, fue el iluminismo alemán el que lanzó la idea de la Fiesta de la Diosa Razón y propuso una nueva religión, destinada a suplantar al catolicismo. A continuación, es casi imposible descubrir las relaciones de nuestra Masonería con otros países. Basta recordar una observación muy precisa de F.-. Dequaire en el Congreso de 1889: "El gran movimiento de 1789 es ininteligible para quien

---

[47] Informe al Congreso Masónico Internacional de 1789.

[48] *Id*, p. 75.

[49] *Le Monde Maçonnique*, v. VI, p. 9.

no se haya preparado a estudiarlo con la ayuda de la historia masónica".

Henri Martin llamó con razón a las sociedades secretas "el laboratorio de la Revolución".

CAPÍTULO III

LOS ISRAELITAS[50]

¿Está la masonería dirigida actualmente por los dirigentes de la nación israelita? Muchos autores lo afirman, pero faltan pruebas. En principio, los judíos no forman parte del Consejo de la Orden. Sin embargo, en 1886 el Hermano Hubert escribía en la *Chaîne d'Union, la* revista de la masonería universal: "En todos los tiempos hemos aceptado israelitas en nuestros talleres masónicos... La lista sería larga si quisiera emprender la enumeración de los nombres -entre los más notables- de israelitas que han formado o siguen formando parte de la masonería"[51].

Bernard Lazare afirma que había judíos en la cuna de la masonería[52].

Más tarde, un francmasón dijo al Sr. de Camille: "Abandoné mi logia porque me convencí de que no éramos más que el instrumento de los judíos"[53].

---

[50] Para evitar rectificaciones, llamamos judíos no sólo a los que practican la religión judía, sino a todas las personas que pertenecen a la *raza* israelita.

[51] Véase *Revue des Société Secrètes,* 1918.

[52] Bernard Lazare: *El antisemitismo, su historia, sus causas.*

[53] Delassus: *La question juive,* p. 20.

En la actualidad, alrededor del veinte por ciento de los miembros de la masonería inglesa son israelitas: 43.000 de 225.000[54]. La Logia Hiram es totalmente judía.

En Prusia, en cambio, las principales logias no admitían israelitas.

En el siglo XVIII los judíos no eran fácilmente recibidos en nuestras logias.

Esto ya no es así, y el asunto Dreyfus demostró la influencia ejercida por los judíos sobre la masonería. Se ha preguntado si la alianza judeo-masónica existía en 1789. He aquí los argumentos a favor de esta tesis: Weishaupt, fundador del Iluminismo, era israelita, al igual que Paschales y Martines, líderes de los Martinistas.

Los dos primeros francmasones que desempeñaron un papel político eran también judíos, Cagliostro y St Germain. Los dos prusianos que se distinguieron en el asalto a la monarquía, Ephraim y Anacharsis Cloots, pertenecían a la misma raza. Los "ritos religiosos de todos los Iluminados han tomado prestado de la Cábala"[55].

Por último, el rito Misraïm fue creado en Francia durante el Primer Imperio por un aventurero judío, el Hermano Bédarrides.

Los partidarios de la tesis contraria replican que, si bien es seguro que Cloots, Ephraim y Weishaupt eran judíos, existe cierta incertidumbre sobre Cagliostro, Paschales, Martine y St-Germain.

La situación de los judíos en Francia bajo Luis XVI era

---

[54] Theo. Dedalus: *La Inglaterra judía.*

[55] DELASSUS: *El problema de la hora presente.*

bastante inferior; los dirigentes de la masonería pertenecían a las razas latina y anglosajona.

Sea como fuere, es curioso comparar el reducido número de israelitas que vivían en París en la época de la Revolución con la importancia del papel que desempeñaron. Sabemos cuál era su situación bajo la monarquía; es muy natural que los judíos estuvieran a favor de un cambio de régimen. Además, como las sociedades secretas atacaban al catolicismo, los judíos eran naturalmente los aliados de los masones, y seguirían siéndolo bajo todos los regímenes. En palabras del Sr. E. Flourens, "la obra de demolición no se detendrá hasta que el reino de Israel se yerga sobre las ruinas de los imperios cristianos".

No debemos olvidar las palabras de un rabino inglés citadas por Sir J. Readcliff[56]: "Cada guerra, cada revolución acerca el momento en que alcanzaremos el objetivo supremo por el que luchamos". Es bien sabido que este objetivo es el establecimiento de la supremacía de la raza judía sobre el mundo entero.

He aquí el plan expuesto en las actas de las reuniones secretas de los sabios de Israel, relativo a las relaciones con la masonería: "Multiplicaremos las logias masónicas en todos los países del mundo; estarán centralizadas bajo una dirección única conocida sólo por nosotros y desconocida para los demás. Tendrán su representante en nuestro Consejo de Administración, donde este representante servirá de enlace con el ostensible gobierno masónico"[57].

La masonería siempre ha defendido las reivindicaciones judías; ya en 1781, un israelita, Morin, fue nombrado Gran Inspector General de la masonería de París[58]. Fue en un salón

---

[56] *Le Contemporain.* 1er Julio 1880.

[57] Protocolos de Israel. Edition de la vieille France, p. 54.

[58] Lecouteulx de Canteleu: *Sectas y sociedades secretas.*

israelita, en casa de la familia Mendelssohn, donde Mirabeau entabló amistad con los Illuminati, cuyo fundador Weishaupt era judío. Desde el día en que Mirabeau conoció a la bella Henriette Herz en este salón, se convirtió en el defensor de los israelitas en Francia[59].

Habitualmente absortos en sus propios asuntos, los judíos de Francia parecían no tener nada que ver con la política bajo Luis XVI. Los primeros judíos que desempeñaron un papel fueron un siciliano, Cagliostro, y un portugués, St-Germain, que actuaron como enlace entre la masonería extranjera y las logias francesas.

Balsamo, hijo de un banquero, había abandonado Italia para evitar ser condenado por falsificación; ganó algo de dinero en Londres haciendo chantaje para llegar a Alemania. Allí se convirtió en médico y Conde de Cagliostro. Cuando llegó a Estrasburgo en 1780, realizó curaciones maravillosas[60], se ganó la simpatía de todo el mundo e inspiró una confianza ilimitada al cardenal de Rohan. Encontró la manera de no comprometerse demasiado en el asunto del collar, pero a pesar de ello fue desterrado y se instaló en Londres. Tras varios viajes a Italia, Alemania, Suiza, etc., Cagliostro fue condenado en Roma por su pertenencia a sociedades secretas, y su azarosa carrera terminó en la cárcel.

Se rumoreaba que St-Germain era hijo natural del rey de Portugal. En realidad, no estamos seguros de la verdadera patria de su padre; sólo creemos que era un banquero israelita, probablemente portugués. En Milán, San Germán se llamaba el caballero Valdone, en Viena el marqués de Montferrat, en Venecia el conde de Bellemare, en otros países el conde de

---

[59] Claudio Janet: *Los Precursores. Sociedades secretas.*

[60] Sin embargo, sus tratamientos tenían un inconveniente: en los casos graves, sólo podía curar la enfermedad enviándola a otra persona (véase Dauphin Meunier, *La Comtesse de Mirabeau*).

Tzagory, el conde Soltikof o el caballero Schœning. Además, hablaba todas las lenguas, lo que facilitaba sus metamorfosis[61].

St-Germain consiguió ganarse la confianza de Luis XV y, según M. Lenôtre, espió para Federico II. Despertó las sospechas del gobierno francés hasta tal punto que Choiseul ordenó su arresto en 1759; pero St-Germain escapó y se refugió en Londres; tras la Guerra de los Siete Años aceptó la hospitalidad del príncipe Carlos de Hesse y permaneció con él hasta su muerte.

St-Germain lucía hasta 200.000 francos en diamantes en sus ropas y, al igual que Cagliostro, disponía de grandes sumas de dinero. Casanova[62] describe así su presentación de St-Germain: "Iba vestido con túnicas armenias y un gorro puntiagudo. Llevaba una varita de marfil en la mano. Me dijo con toda seriedad: 'Es el Conde de Cobentzel, Primer Ministro de Austria, que me da trabajo. Para complacerle, estoy trabajando en la creación de una fábrica".

Casanova añade que St Germain transformó delante de él una moneda de doce peniques en una de oro. Es exactamente el mismo proceso que el de Cagliostro: persuadir a los tontos de que se posee un poder sobrenatural y, amparándose en la excentricidad, llevar a cabo las misiones de las sociedades secretas en la sombra.

Los primeros panfletos contra María Antonieta fueron publicados en Londres por el judío Angelucci, que en Inglaterra se hacía llamar W. Hatkinson. Veremos en el capítulo VIII cómo toda la campaña contra la reina fue organizada por el judío Efraín. Como Maria Teresa de Austria habia perseguido a los Israelitas, se habia decidido que la venganza se tomaria sobre sus

---

[61] Lenôtre: *Prussiens d'hier et de toujours. L'espion sorcier du roi de Prusse*, p. 141.

[62] *Memorias de Casanova*, vol. IV, p. 265.

descendientes; el carcelero Simon se encargo de ello.

El libro del judío prusiano Dohm sobre la emancipación de los israelitas "influyó más de lo que se puede decir en la apertura de la Revolución"[63]. El judío", dijo Bernard Lazare, "tiene un espíritu revolucionario, sea consciente o no"[64]. El periódico judío *Haschophet afirmaba* recientemente que la Revolución Francesa fue una obra puramente semítica.[65]

Cabe señalar que los enciclopedistas que lanzaron el movimiento revolucionario eran antisemitas, y Voltaire, entre otros, llamó a los judíos "la más odiosa y vergonzosa de las pequeñas naciones[66] ". En su diccionario filosófico, señala que sienten "el odio más invencible hacia los pueblos que los toleran y enriquecen".

Pero cuando los filósofos lo pusieron todo patas arriba, los israelitas fueron los primeros en aprovecharse, con su habilidad habitual.

Luis XVI había decidido en 1788 que se concederían derechos civiles a los israelitas. No parece haber estado agradecido por ello, y la Revolución se llevó todo el mérito. - Encontramos esta observación en los escritos de un israelita muy digno que abrazó el catolicismo, el abate J. Lémann. Él también formuló la desventaja de la decisión de Luis XVI con gran finura y juicio: "Los judíos siempre han querido formar una nación separada e impenetrable;... hacerlos ciudadanos sería introducir una nación

---

[63] J. Lémann: *L'entrée des Juifs dans la société Française* p. 373.

[64] Bernard Lazare: *El antisemitismo, su historia, sus causas.*

[65] Mons. Delassus: *La question Juive*, p. 18.

[66] *Dios y los hombres.* Cap. X. Theo. Dedalus: *La Inglaterra judía.*

armada en una nación desarmada y confiada"[67].

De hecho, una de las grandes habilidades de los israelitas fue transformar una cuestión de raza en una cuestión de religión; de este modo pudieron acusar a los antisemitas de intolerancia religiosa, y a menudo ganarse el apoyo de los protestantes contra los católicos. En palabras de Portalis, no son "tanto una religión como un pueblo que existe en todas las naciones sin fundirse con ellas"[68].

En cuanto Malesherbes anunció la decisión real de emancipar a los israelitas, los judíos no tardaron en proponer al banquero Haller como candidato a la cartera de Finanzas. Pero aún era demasiado pronto para desafiar los prejuicios; además, según la correspondencia de Mercy Argenteau, Haller tenía fama de agiotista sin escrúpulos.

Casi todos los israelitas que desempeñaron un papel en el inicio de la Revolución llegaron del extranjero. Los que estaban en Francia, satisfechos con su suerte, ya no tenían motivos para la revuelta. Sin embargo, la consigna de derrocar a la monarquía y al catolicismo permaneció inalterada, y siguieron a sus correligionarios extranjeros con la solidaridad y la disciplina que constituían su fuerza. Durante el periodo revolucionario, los judíos no permanecieron inactivos", afirma M. B. Lazare[69]. Dado su escaso número en París, ocuparon puestos considerables como electores de sección, oficiales de legión o asesores, etc.". De los 500 israelitas parisinos, cien estaban en la guardia nacional[70].

Según M. E. Drumont, Marat era de origen judío; uno de sus

---

[67] J. Lémann: *L'entrée des Israélites dans la société Française*, p. 397.

[68] Denais Darnay: *Los judíos en Francia*.

[69] Bernard Lazare: *El antisemitismo en Francia*.

[70] Monin: Los judíos *de París*. L. Kahn: Los judíos *de París durante la Revolución*.

biógrafos, Cabanes, también mencionó esta hipótesis, que no hemos podido verificar. Pero según la mayoría de los autores, el ministro de Finanzas Clavière era judío[71], y sin duda los dos prusianos que desempeñaron un papel importante en la Revolución.

Clavière, expulsado de Ginebra en 1782, hizo fortuna en la Bolsa; colaborador de Mirabeau y Brissot, publicó la *Chronique du mois* con Condorcet; también escribió para el *Courrier de Provence*. Clavière era miembro de la masonería. Según el diccionario Larousse, vendió a una logia masónica un procedimiento de preparación de la piedra filosofal que consistía en calcinar a un recién nacido en una retorta. Larousse no precisa cuáles fueron los resultados industriales. Pero la Revolución pronto permitió a Clavière realizar operaciones aún más fructíferas: encargado de finanzas en el ministerio de Dumouriez en 1792, fue destituido junto con Roland y volvió al poder tras la marcha de Dumouriez.

Clavière ha sido acusado de ser un agente de Inglaterra; en cualquier caso, mantenía frecuentes contactos con los banqueros Boyd y Kerr, agente de Pitt en París. Al mismo tiempo, mantuvo una activa correspondencia con Bichoflswerder y Lucchesini, consejeros del rey de Prusia y masones militantes.

Proscrito con los Girondinos, Clavière fue detenido el 2 de junio de 1793. Había sido director de una compañía de seguros de vida; los liquidadores le procesaron: 1° " Por el robo de unos cuatro millones deficitarios en la caja. 2° Por haber robado acciones cuyo valor se estima entre dos y tres millones. 3° Por falsificación de documentos y deliberaciones destinadas a ocultar las huellas de este robo"[72]. Como Clavière se suicidó en la cárcel, el proceso se interrumpió, pero su hermano fue detenido cuando

---

[71] Sin embargo, el Sr. Chuquet no está de acuerdo.

[72] Archivos nacionales. F. 7 4649.

se disponía a llevar sus ahorros a Ginebra (3 Frimaire, año 2). Este hermano acababa de entrar en el ministerio de Asuntos Exteriores. El expediente guarda silencio sobre el final de su carrera; sólo se menciona el suicidio de Madame Clavière dos días después del de su marido.

Los dos hermanos Clavière recibían frecuentes visitas en prisión de su correligionario, el banquero Bidermann[73].

Instalado en Pari en 1789, Bidermann fue nombrado tesorero del Ministerio de Asuntos Exteriores tres años más tarde, y eligió como secretario a J.-J. Clavière, hermano del ministro. Fue el orador de una delegación enviada por la Comuna de París a la Convención; poco después participó activamente en la insurrección del 10 de agosto. Cuando fue detenido durante el Terror, sus amigos señalaron que Bidermann "nunca dejó de trabajar por la Revolución... Es suizo; él y toda su familia siempre se han contado entre los más ardientes amigos de la Revolución Francesa"[74]. El informe al Tribunal Revolucionario señala que durante la noche del 9 al 10 de agosto, Bidermann no abandonó ni un momento el Consejo General de la Comuna para "preparar el triunfo de la libertad y frustrar el complot del Tribunal". Fue a petición suya que el Pont-Neuf fue desalojado de los cañones que el Tribunal había hecho colocar allí para disparar contra el pueblo... En noviembre fue elegido por Pache para ser uno de los directores de la comisión de subsistencia[75], fue perseguido por Dumouriez y Custines y fue el primero en revelar su traición[76]". Una carta de Madame Bidermann señalaba también al Comité de Seguridad Pública los "innumerables sacrificios realizados por su

---

[73] Archivos nacionales. W^1 300.

[74] Archivos nacionales. F. 7 4598.

[75] Hemos descrito el papel antipatriótico de este comité en la historia del general Dumouriez (volumen publicado por Perrin en 1913). Pero personalmente Bidermann no parece haber cometido ninguna fechoría.

[76] Archivos nacionales. F 7 4598.

marido para contribuir al éxito de la Revolución", una discreta referencia a las sumas pagadas por el banquero a personalidades políticas. Si, como en un juicio moderno, el financiero amenazara con dar nombres, esto no sería inverosímil. En cualquier caso, Bidermann, liberado el 19 de Thermidor, pudo reanudar tranquilamente sus especulaciones financieras.

Publicaciones recientes han arrojado luz sobre el papel de los hermanos Frey, que casaron a su hermana con el célebre Chabot y fueron durante un tiempo auxiliares de Jean de Batz[77]. Nacidos en Moravia, su verdadero nombre era Dobruska; uno de ellos adoptó el nombre de Schœnfeld al convertirse al cristianismo. Según el informe de los comisarios encargados del asunto Chabot, había dos Freys en París, tres en Austria y una hermana mantenida por un barón alemán. El informe no dice si fue esta hermana la que se convirtió en Madame Chabot. "Estos astutos y peligrosos intrigantes se acercan sigilosamente a personas de gran reputación y popularidad, esperando con su falso patriotismo ganarse su confianza y alcanzar los puestos más altos de la República"[78].

Cabe preguntarse por qué los Frey, que gozaban de muy buena fortuna en Alemania, ya que sus tierras estaban valoradas en dos millones, se lanzaron al tumulto revolucionario. El boletín del Tribunal responde: "Los Frey, agentes secretos de potencias extranjeras cuya corrupción dirigen, etc.".

Emmanuel y Moïse Frey eran en realidad espías del gobierno austriaco, y prestaron suficientes servicios como para que ambos recibieran el título de barón[79]. El célebre barón de Trenck contaba

---

[77] Lenôtre: *Le Baron de Batz*, p. 45 y ss. Barón de Batz: *La vie et les conspirations de J. de Batz.*

[78] Archivos Nacionales, W. 342.648. L. Kahn: *Les Juifs à Paris pendant la Révolution.*

[79] Feuilles d'Histoire, 1er Enero de 1914. Artículo de M. P. Bart.

que el mayor de los Frey había llegado a Viena para traficar con la belleza de sus dos guapísimas hermanas; causaron tal escándalo que el gobierno austriaco los expulsó. Trenck conocía perfectamente a este personaje y sabía que estaba empleado como espía por los emperadores José y Leopoldo[80]. M. A. Mathiez cree que está afiliado a la masonería y a los Illuminati de Weishaupt.

Los hermanos Frey, que estaban en contacto regular con Efraín, probablemente también trabajaban para el gobierno prusiano.

Una vez en Francia, Moïse cambió su nombre por el de Junius Frey. Se afilió con su hermano al club jacobino de Estrasburgo, luego al de París (junio de 1791), y se instaló en el número 19 de la calle de Anjou. Los dos hermanos daban excelentes cenas, con asiduos como Chabot, Lebrun Tondu, Fabre d'Églantine, Éphraïm, Ronsin, Prohly, Pereyra y Desfieux.

Como miembros del comité de insurrección, los Frey pagaron sumas considerables para mantener las bandas cosmopolitas que lucharon el 20 de junio y el 10 de agosto[81]. Participaron en esta última insurrección y resultaron ligeramente heridos. Esta reivindicación no les impidió ser detenidos más tarde. Tras la caída de la monarquía, los Frey parecen pasarse al servicio de los contrarrevolucionarios y se convierten en agentes de Jean de Batz.[82]

Fue a instigación suya que Chabot y sus amigos fusilaron a los girondinos; pero pronto los Frey fueron arrestados a su vez, junto con Chabot, con quien habían concertado matrimonio para su hermana. Se les acusó de "gastar de dos a tres mil francos al

---

[80] Recueil de Tuetey. Vol. X[1], p. 235.

[81] Sybel: *Historia de Europa*, I, p. 397.

[82] Archivos nacionales, F. 7 4774. 67.

mes en su mesa, mientras el pueblo se aplastaba a la puerta del panadero para conseguir un trozo de pan[83] ". Lo que era más grave, y de lo que la gente no se atrevía a hablar demasiado alto, era el reparto de sobornos en la Convención. Un día, por ejemplo, con la complicidad de Delaunay y Julien (de Toulouse), Frey confió 150.000 livres a Chabot para provocar un pánico financiero. Otro día, mientras Fabre d'Églantine atacaba violentamente a la Compagnie des Indes, se pidió a Chabot que le diera 100.000 livres para silenciarlo. Se queda con el dinero y afirma habérselo dado a Fabre[84].

En el interrogatorio a Diederichsen, factótum de los hermanos Frey, se le hizo la siguiente pregunta: "¿No mantenía Junius Frey frecuentes conferencias con el emperador austriaco? Diederichsen respondió: "Estaba al corriente de estas conferencias sin saber de qué trataban".

Junius y Emmanuel Frey fueron guillotinados al mismo tiempo que Chabot.

Entre los asiduos a las cenas de los hermanos Frey, hemos mencionado tres nombres que aparecen con frecuencia en la historia de la Revolución:. Pereyra, Proly y Desfieux. El conde Proly era hijo natural del ministro austriaco Kaunitz; Pereyra (Juda de Jacob), judío portugués, era tabaquero en la calle Saint-Honoré[85]; Desfieux era comerciante de vinos de Burdeos. Por qué casualidad los encontramos siempre cenando juntos en casa de Madame de Ste Amaranthe, especulando en bolsa con acciones del Mar Rojo, miembros del comité de insurrección de la Comuna de París y delegados del club jacobino en el ejército de Dumouriez[86]. Pereyra, miembro del club de St-Roch y asesor

---

[83] Archivos nacionales, F. 7 4637.

[84] Hamel: *Histoire de Robespierre*, t. III, p. 303.

[85] Empezó como joyero en Burdeos.

[86] Archivos Nacionales. T. 1684.

del juez de paz del distrito, se relaciona con Cloots, Hébert, Hérault de Séchelles y Ronsin; participa en todos los motines, hace sacar a Kellermann del club de los jacobinos y pide persecuciones contra él. Participa en la caída de los Girondinos, trabaja para establecer un triunvirato de Robespierre, Danton y Marat, y luego, tras la muerte de Luis XVI, se une a los contrarrevolucionarios. Pereyra, Proly y Desfieux encabezan la lista de agentes secretos de de Batz[87].

Pereyra tenía entonces dos residencias, 55 y 105 rue St-Denis; denunciado por Barbaroux, y luego por Robespierre, de formar parte de un comité extranjero, Pereyra fue detenido durante el Terror y guillotinado. En el acta de atestado se indica que tras "podar un gran número de papeles inútiles, metimos el resto en un cesto que sellamos"[88]. A continuación se enumeran 96 cartas en inglés, 92 documentos en inglés, 73 documentos en inglés, 68 documentos en inglés, etcétera. Es lamentable que estos papeles hayan desaparecido; sin duda contendrían pruebas de la acción del gobierno inglés sobre Pereyra y sus amigos.

Junto a estas conocidas figuras, un gran número de israelitas desempeñaron un modesto papel en la Revolución. Isaïe Spire se encargó de abastecer a las tropas. Cerf Beer, banquero del Faubourg Montmartre, fue proveedor de los ejércitos y jurado en el tribunal penal. El alemán Isaac Calmer, millonario con zuecos, presidente del club revolucionario de Clichy, es conocido por su violencia, mientras que su hermano Benjamin Calmer, corredor de bolsa, sigue siendo monárquico; de este modo la familia cuenta con apoyos en todos los partidos. A pesar de las sospechas sobre su patriotismo, Benjamin Calmer fue nombrado comisario para la liquidación de los bienes de Philippe Égalité. Es probablemente él quien aparece descrito en las actas de la Comuna como "Calmer seigneur de la terre d'Ailly". Isaac

---

[87] Archivos nacionales. F. 7 4774.

[88] Archivos Nacionales. T. 1658.

Calmer olvidó rascar las flores de lis de las chimeneas de su castillo de Clichy-la-Garenne y fue denunciado por las familias de varias de sus víctimas; los dos hermanos fueron guillotinados al final del Terror[89].

El alemán Heymen fue asesor del juez de paz en París. Isaïe Beer Bing, autor de un volumen sobre los judíos, es muy cercano a Éphraïm y frecuenta con él los círculos revolucionarios. Fue amigo de Lafayette, Grégoire, Rœderer y Emmery.

Hazan es miembro del comité de vigilancia general. D'Acosta manda una compañía de la guardia nacional. Rosenthal manda la legión encargada de vigilar el Templo. Calman es comisario del distrito de Petits Pères. El ginebrino Kermer es miembro del club de las Tullerías. El danés Diederichsen es el hombre de confianza de los Frey. Los banqueros Boyd y Kerr son los agentes secretos de Pitt en París[90]. Z. Hourwitz, nacido en Lituania, fue vendedor ambulante en Berlín y París, luego conservador de manuscritos en la biblioteca del Rey al comienzo de la Revolución. Bajo el Imperio, fue profesor de lenguas extranjeras. Mayer, más ocupado con la especulación que con la política, se dice que gastó 300.000 libras en una sola cena ofrecida después del 9 Thermidor a diez ministros y diputados[91].

El comité revolucionario incluía a Jacob Reis, Léon Azur, Fould, Weisweiler y otros.

Los israelitas de París formaron una asociación cuyos dirigentes firmaron un discurso dirigido a la Asamblea Constituyente[92]. Este documento nos dice que el presidente era

---

[89] L. Kahn: *Judíos en París.*

[90] Archivos nacionales. W 389 n° 904.

[91] Schmidt: *Cuadro de la Revolución Francesa.*

[92] Actas de la Comuna de París publicadas por S. Lacroix, v. VII, p. 554.

Godschmit (quizás se refería a Goldschmidt), el vicepresidente Lagouna; Weil y Benjamin Fernandez fueron llamados electores; Lévi, Jacob, Pereyra, Trenelle, Elie, Weil, Delcampo y Brandon diputados.

Otra petición firmada por Mardochée (diputado) y Silveyra (agente) exponía la injusticia que sufrían los judíos de París: al parecer, se les trataba peor que a sus correligionarios extranjeros. Y eso que todos eran "de la misma familia, descendientes de Jacob hijo de Isaac"[93].

He aquí, además, cómo entendían los revolucionarios la fraternidad con respecto a los israelitas, sus aliados: El decreto del 16 de Messidor, año II, prohibía a los judíos seguir al ejército bajo pena de muerte[94]. El periódico *Le Propagateur*[95] se quejaba de que, desde la Revolución, el francés estaba "expuesto cada día a tratar con un judío, sin poder saber que no trata con un hombre, sino con un enemigo".

Un misterioso personaje llamado Falc desempeñó cierto papel en las sociedades secretas de finales del siglo XVIIIᵉ. A veces se le conoce como el Gran Rabino. En su correspondencia, Savalette de Langes le llama simplemente Doctor Falc. De origen alemán, vivió principalmente en Londres. Predijo que Philippe Égalité subiría al trono[96].

En resumen, un grupo muy reducido de israelitas se hizo rápidamente un nombre y desempeñó un papel importante en la Revolución; pero los judíos de Francia pasaron desapercibidos. Los líderes de sus correligionarios habían llegado del extranjero

---

[93] Actes de la Commune de Paris, 2ᵉ série, t. IV, Mai 1791.

[94] El decreto fue firmado por Laurent, representante del pueblo en el ejército del norte.

[95] 17 Brumario año VIII.

[96] P. Moniquet: *Francia en peligro*.

a finales del reinado de Luis XVI.

Contrariamente a lo que cabría suponer, la especulación bursátil durante el periodo revolucionario fue principalmente patrimonio de los protestantes.

Los judíos se apoderaron principalmente del mobiliario de los castillos y de los tesoros de las iglesias, y se convirtieron en amos de la propiedad terrateniente mediante préstamos usurarios[97].

---

[97] Capefigue: *Historia de las principales transacciones financieras*. E. Drumont: *La France Juive*, t. I, p. 305.

CAPÍTULO IV

LOS PROTESTANTES

L a coalición judeo-masónica encontró un apoyo tan considerable entre los protestantes que M. Sourdat escribió un volumen para establecer que "los verdaderos autores de la Revolución son los protestantes"[98]. Se trata de una exageración evidente, pero los protestantes dieron a los francmasones un apoyo continuo. "Uno de los principales fundadores de la masonería moderna fue J. Th. Désaguliers, hijo de un pastor protestante que se vio obligado a abandonar Francia por la revocación del Edicto de Nantes"[99]. Instalado en Londres, amigo y colaborador de Newton, J. Th. Désaguliers se convirtió, a la edad de treinta y seis años, en el tercer Gran Maestro de la Gran Logia de Inglaterra (1719).

Puesto que la masonería atacaba secretamente al catolicismo, debía contar con las simpatías de los protestantes. Los protestantes, por otra parte, no habían tenido en general mucho que elogiar bajo la monarquía francesa, por lo que en diferentes momentos se les encontraba en todas las conspiraciones. El resultado fue un recrudecimiento de las medidas severas, que llevaron a atribuir las persecuciones políticas a la intolerancia

---

[98] Sourdat: *Los verdaderos autores de La Révolution.*

[99] Actas de *las sesiones del Congreso Masónico Internacional* de 1889, p. 36 (informe de F. Amiable).

católica.

Mucho después de las maquinaciones de Coligny con Inglaterra contra el rey de Francia[100], el duque de Baviera organizó en Alemania, "a petición de los protestantes franceses, una verdadera cruzada hugonote"[101] y preparó la invasión de nuestro país en 1587. Bajo el reinado de Luis XIII, Guiton, alcalde protestante de La Rochelle, pidió ayuda a los ingleses contra el rey[102]. Más tarde, los hugonotes entraron en intrigas con los españoles. Existen, pues, circunstancias atenuantes para las persecuciones dirigidas contra ellos por nuestra monarquía.

Franklin señaló que los ingleses estaban trabajando en las Cevenas para crear, con la complicidad de los protestantes, una provincia independiente bajo protectorado británico.

Los disturbios de Nîmes en 1790 fueron provocados por los protestantes que masacraron a los capuchinos.

Tras la deplorable revocación del Edicto de Nantes, los ojos de los protestantes franceses se volvieron hacia Inglaterra y Suiza: en Ginebra, a finales del siglo XVIII, había un grupo de hombres inteligentes y activos cuya influencia se dejaba sentir en toda Europa. Estos protestantes eran también los principales financieros del mundo. Esto explica el nombramiento de Necker para el Ministerio de Finanzas.

No es fácil formarse una opinión sobre este personaje, del que se han dicho muchas cosas buenas y malas.

---

[100] Véase E. Renauld: *Le péril protestant,* p. 33 y ss.

[101] Baguenault de Puchesse: *El fracaso de la invasión alemana en* 1587. (Corresponsal del 25 de noviembre de 1914.)

[102] Charles MAURRAS: *Política religiosa.*

Según Ginguené[103] (miembro del Institut), Necker "nacido republicano, odiaba a los reyes... nacido protestante, su voto secreto fue siempre perder al clero y desacreditar la religión católica". Su compatriota Clavière escribió a Isaac Cornuaud: "Necker tiene mucha más superficie que profundidad. Le niego el corazón de un hombre recto y amigo de la humanidad"[104].

Pero Clavière era cuestionable. Cuando Napoleón Ier recibió al barón A. de Staël, nieto de Necker, le dijo: "Tu abuelo derrocó la monarquía; llevó al rey al cadalso". Tu abuelo derrocó la monarquía; llevó al rey al cadalso"[105].

Por otra parte, Necker encontró apologistas de talento, no sólo en su familia, sino entre escritores pertenecientes a las opiniones más diversas. Introdujo algunas reformas muy útiles, entre ellas la de los hospitales.

Según el marqués de Ségur[106] , "desde el día en que Luis XVI aceptó el ingenioso remedio inventado por Necker (el de los Estados Generales), la Revolución era sólo cuestión de tiempo". Pero al preparar la Revolución, sin duda no pensaba en enviar a Luis XVI y a María Antonieta al cadalso. Como muchos constitucionalistas, no creía que la conquista de la libertad y la abolición de los abusos debieran desembocar en masacres y en el tribunal revolucionario.

Necker", dice Ch. Dupuy, "era un embrollador pero no un revolucionario. Sus protegidos ginebrinos eran menos

---

[103] Guinguené. *Necker,* 1796.

[104] Memorias de Isaac Cornuaud, recientemente publicadas por Mlle Cherbuliez.

[105] Obras del Barón de STAËL.

[106] *Le couchant de la monarchie.* T. II, p. 377.

escrupulosos y más audaces[107].

Vergennes, que también le califica de inquieto evasor, explica al rey la aprensión del clero al ver a su enemigo natural al frente de las finanzas. Señala "los elogios que le dedica una parte del Parlamento británico, cuyas facciones se unen todas cuando es necesario odiarnos y perjudicarnos[108].

Como todos los suizos, Necker estaba sometido a la influencia inglesa; había estado a punto de casar a su hija (Mme de Staël) con William Pitt. Burke declaró ante la Cámara de los Comunes: "El señor Necker es nuestro mejor amigo en el continente". Además, la familia Necker, que se había instalado en Ginebra a principios del siglo XVIIIe , era de origen irlandés y había conservado muchos lazos con Inglaterra.

Una grave acusación contra Necker se encuentra en el informe de Garran de Coulon al Comité de Investigación sobre la hambruna de 1789: se dice que Necker escribió a Bertier para que hiciera cortar el centeno antes de la cosecha, con el fin de agravar la hambruna. Bertier no cumplió la orden y, sin embargo, fue masacrado como acaparador[109].

No sabemos en qué pruebas se basó Garran de Coulon. Mirabeau escribió a Mauvillon en[110]: "Necker sabe muy bien que su reinado habrá terminado el día en que se restablezca el orden", y dijo de Necker a Brunswick: "Este financiero mediocre perdería diez imperios antes que comprometer su amor propio". Pero Mirabeau era enemigo del ministro.

---

[107] Luis XVI y la conspiración genovesa. *Le Soleil,* 10 de agosto de 1918.

[108] Marqués de Ségur: *Le couchant de la monarchie,* II, p. 413.

[109] *Informe de Garran de Coulon,* p. 48. Bord. *El asalto a la Bastilla,* p. 33.

[110] *Mémoires de Mirabeau,* t. VIII, p. 20.

Lo que parece mejor establecido es la implicación de la familia de Necker en los disturbios de 1789: su yerno, el barón de Staël Holstein, con el pretexto de obtener información, frecuentaba los círculos más exaltados e informaba a los conspiradores de lo que ocurría en el Consejo del Rey[111].

Cuando el partido revolucionario hubo triunfado, M. de Staël mantuvo frecuentes negociaciones con el Comité de Seguridad Pública en nombre de las cortes protestantes. El 6 de diciembre de 1793, Soulavie entregó a Robespierre las condiciones de los estados protestantes del norte para su reconocimiento por el gobierno revolucionario. Una de las principales condiciones era la sustitución del catolicismo por el protestantismo en Francia. Según Ch. Dupuy, Robespierre aceptó en principio. La cuestión quedó sin resolver durante mucho tiempo; más tarde, el Concordato, frustrando las esperanzas de los protestantes, fue la verdadera causa de la animosidad de Mme de Staël contra Napoleón I[er112].

Si hemos de creer a Léouzon Le Duc[113], el barón de Staël Holstein era constitucionalista; fue su esposa quien le empujó hacia el partido jacobino; en cualquier caso, se opuso a los planes del rey de Suecia contra la Revolución. En 1789, consideraba que "la nación francesa carece de las cualidades necesarias para ser un pueblo libre". Se podría concluir de ello que Staël no trabajaba a favor de la libertad, sino a favor de la conspiración internacional contra Francia. En cuanto a Mme de Staël, Jacquet de la Douay, fiscal del rey en el principado de Dombes, la acusó de traicionar a la reina[114] y relató el estupor que sintieron las damas de la corte que enviaron a Mme de Staël a los buenos

---

[111] G. Bord: *La conspiration révolutionnaire de 1789*, p. 37.

[112] Ch. Dupuy, *Louis XVI et la conjuration Gènevoise*.

[113] *Prefacio a la correspondencia diplomática del Barón de Staël Holstein*.

[114] F. Descotes. *La Revolución Francesa vista desde el extranjero*.

deseos de María Antonieta.

Por otra parte, se dice que más tarde conspiró con Narbona para salvar al rey y a la reina comprando tierras cerca de Dieppe y llevando allí a la familia real disfrazada[115].

Louis Necker, hermano del ministro, pertenecía a la logia Amis Réunis, cuyo papel revolucionario e internacional ya hemos explicado. Por último, su cuñado, Germain, era miembro del Club de la Propaganda, que organizó la masacre de los guardaespaldas[116]: El conde de Vaudreuil repitió un comentario de María Antonieta tras el asalto a la Bastilla: "Tenías razón", le dijo, "Necker es un traidor; estamos perdidos[117]. La opinión de la reina no parece ser compartida por todos, pero Necker fue probablemente un instrumento inconsciente del complot revolucionario. Gozó de una inmensa popularidad mientras se le consideró útil a los proyectos del sindicato internacional, pero quince meses después de su regreso triunfal, dimitió sin que nadie pensara en retenerle[118].

Si bien es cierto que Fersen compartía la opinión de Gustavo III sobre la culpabilidad de Necker[119], el barón de Frénilly afirma, por el contrario, que este ministro intentó detener el torrente cuya presa había abierto[120].

Por otra parte, Gustave Bord afirma que la masonería había encomendado a Necker la misión de preparar la Revolución. Sin embargo, como la mayoría de los masones, probablemente

---

[115] E. Welwert. *En torno a una dama de compañía.*

[116] Dasté. *María Antonieta y el Terror.*

[117] Correspondencia entre Vaudreuil y el Conde de Artois. Introducción.

[118] Bardoux. *Pauline de Beaumont*, p. 148.

[119] Lady Blennerhasset. *Mme de Staël et son temps*, t. II, p. 26 y 28.

[120] *Recuerdos del barón de Frénilly*, p. 129.

desconocía los planes de la secta y es posible que tuviera excelentes intenciones.

Por último, he aquí la valoración de Mallet du Pan sobre Necker: "Me parece uno de los hombres que más daño han hecho a esta monarquía y la justicia sólo me obliga a no sospechar de sus intenciones, sino a rendir homenaje a su mérito como administrador de finanzas...".

Halagando las ideas populares, M. Necker las exageró todas... Por una miserable razón de economía, se opuso a la idea de celebrar los Estados Generales a distancia y los fijó en Versalles...[121] "

Dos meses más tarde, Mallet du Pan escribía de nuevo a Mounier: "He tenido informaciones positivas sobre el relato de Necker que no me dejan ninguna duda de que él deseaba que la Revolución se produjera casi en toda la extensión que se le ha dado[122].

Pero estas líneas, enviadas a finales de 1790, no habrían sido escritas ciertamente después de los acontecimientos de 1793; es importante señalarlo. -

El edicto del 28 de noviembre de 1789 devolvió a los protestantes el derecho a registrar su estado civil (nacimientos, matrimonios y defunciones), sin estar obligados a disimular sus creencias; un decreto del 24 de diciembre de 1789 les devolvió todos sus derechos civiles y los declaró elegibles para todos los cargos. Por tanto, ya no tenían motivos serios para luchar contra la monarquía; pero, sin duda, estaban encantados de vengarse de los católicos por las largas vejaciones que habían sufrido.

---

[121] *Carta a Mounier*. 14 de octubre de 1790.

[122] 4 de diciembre de 1790.

La consigna de Mirabeau, "Hay que descatolizar Francia", no procedía sólo de las logias masónicas, sino con toda probabilidad de los protestantes de Génova, y la cuestión religiosa fue sin duda el verdadero motivo de la guerra en la Vendée y Bretaña. La población de Occidente habría aceptado perfectamente la República de no haber sido por la persecución de sus sacerdotes.

Fue también la constitución civil del clero lo que enfrentó a Luis XVI con los revolucionarios; este soberano liberal, animado de buenas intenciones, consintió todas las reformas exigidas por la opinión pública, pero era profundamente religioso; desde el día en que los reformadores quisieron proscribir a los sacerdotes que habían roto el juramento, Luis XVI se pasó a los contrarrevolucionarios. Este movimiento anticlerical fue apoyado por los protestantes.

Mirabeau fue en gran parte responsable de la confiscación de los bienes del clero; obedecía las instrucciones de su comité Gènevois.

Al mismo tiempo, la prensa inglesa lleva a cabo una campaña anticatólica. Barthélemy envió artículos desde Londres exponiendo la dificultad de establecer la libertad en Francia sin sustituir el papismo por el protestantismo [123]. "El partido protestante, se añadía, tenía muchos partidarios en la Asamblea Nacional[124].

En 1790, el número de templos y escalinatas aumentó rápidamente gracias a los fondos recibidos de Ginebra y Holanda[125]. La alianza de los protestantes con la masonería les permitió seguir practicando el culto durante el Terror, mientras

---

[123] Según M. Bonald, "las leyes políticas de Inglaterra sólo pretenden llegar a la religión anglicana" (*Considérations sur la Révolution*, p. 74).

[124] Archivos de Asuntos Exteriores. Londres, c. 570.

[125] Durand. *Historia del protestantismo.*

los sacerdotes católicos eran encarcelados y guillotinados[126].

Un pastor, Rabaul St-Etienne, que había estudiado en Ginebra y Lausana, fue nombrado Presidente de la Asamblea Nacional en marzo de 1790. Le dijo a la señora Stuart: "En menos de dos años nuestra religión dominará de forma generalizada". Rabaul fue el principal causante de los problemas en Nîmes.

Varios de sus correligionarios también desempeñaron un papel importante en la Revolución: Boissy d'Anglas, Jay, Cavaignac, Billaud-Varennes, Alquier, Julien (de Toulouse), Collot d'Herbais, Bernard, Lombard Lachaux, Jean Bon St-André, Dentzel, Grimmer, etc. Diez pastores eran miembros de la Convención[127].

El papel desempeñado por el protestante Barnave es bien conocido.

Moyse Bayle, cuyo nombre de pila sugiere un origen semítico, pertenecía a la religión protestante; nacido en Ginebra, fue diputado por Marsella, presidente de la Convención y miembro del Comité de Seguridad General de septiembre de 1793 a septiembre de 1794. Detenido al año siguiente, Moyse Bayle fue amnistiado e ingresó en la policía.

Los protestantes extranjeros desempeñaron un papel aún más importante en la Revolución que sus correligionarios franceses.

Los protestantes de Génova, al estar a la cabeza de las finanzas, estaban obligados a beneficiarse, como los israelitas, de los movimientos bursátiles provocados por la Revolución.

---

[126] Aulard: *Estudios y lecciones sobre la Revolución.*

[127] Ernest Renauld. *El peligro protestante.* Aulard. *Histoire politique de la Révolution,* p. 321.

En general, se cree que la especulación bursátil es un fenómeno reciente. Lo que sí es reciente es el prodigioso aumento del número de valores; bajo Luis XVI, sólo se especulaba con cuatro o cinco valores, el agua de París, los seguros, las acciones del Mar Rojo, etc., pero las diferencias entre ellos eran lo bastante importantes como para que el comercio resultara interesante. Durante la Revolución, también se especuló mucho con la tierra y todas las materias primas. Bidermann tuvo especial éxito especulando con el grano. ¡Qué beneficios no se obtenían con las divisas! Mil francos en oro valían en ciertos momentos veinticinco mil francos en letras, y unos días más tarde sólo representaban cinco mil. Lefebvre d'Acy escribía el 7 de febrero de 1792: "la plata está al 55%"; el 10 de marzo siguiente "la plata está al 80%[128].

Un día el luis valía 200 libras a las 11, 250 a mediodía, luego 500[129]. El 14 de octubre de 1795, subió a 1255 libras.

Las acciones de la Compagnie des Indes cayeron a la mitad en cuarenta y ocho horas. Las acciones de Les pompes à feu subieron de 1.200 francos a 4.200 francos en la misma semana[130].

Estas fluctuaciones tenían a veces resultados imprevistos: así, el 9 de enero de 1793, habiendo sido demasiado fuerte la caída, una lluvia de golpes de caña cayó sobre las espaldas de los corredores de bolsa. La confesión de Chabot en su juicio demuestra que el poder oculto que estaba detrás de los acontecimientos ofrecía a veces grandes sumas de dinero a ciertos miembros de la Convención para que hicieran propuestas susceptibles de provocar un pánico financiero. El sindicato extranjero que había anunciado con antelación el asalto a la Bastilla, la condena de Luis XVI, etc., pudo así hacer una

---

[128] P. de Vaissière. *Carta de los aristócratas.*

[129] Louis Blanc. *Historia de la Revolución*, XII p. 116.

[130] D'Escherny. *Cuadro histórico de la Revolución.*

magnífica diferencia jugándose el todo por el todo. Como resultado, se hicieron grandes fortunas sobre las ruinas de Francia. Por ello, las *Nouvelles politiques se* preguntaban (el 26 de febrero de 1795): "¿La Revolución no fue más que una especulación de banqueros?

A la cabeza de las altas finanzas estaban los Gènevois.

CAPÍTULO V

LOS SUIZOS

A primera vista, los acontecimientos que se desarrollaron entre 1789 y 1794 en Francia parecen haber sido dirigidos por los suizos. De hecho, Rousseau fue llamado a menudo el padre de la Revolución; Necker la preparó; en 1793, los ginebrinos ocuparon el Ministerio de Hacienda, el Ministerio de la Guerra, el Ayuntamiento de París y otros muchos puestos; el Terror fue organizado por el suizo Marat.

Es cierto que una gran figura francesa dominó los primeros tiempos de la Revolución, Mirabeau, pero fue el instrumento de un sindicato ginebrino que elaboraba sus discursos. Este sindicato estaba formado por Etienne Dumont, Duroveray, Clavière y el pastor Salomon Reybaz[131], a los que a veces se unía el financiero Panchaud.

Rivarol comparó la cabeza de Mirabeau con una gran esponja hinchada con ideas ajenas. Sin embargo, sería absurdo afirmar que Mirabeau no tenía suficientes ideas propias y que no era capaz de hacer sus propios discursos; si, por lo tanto, estaba tutelado por los Gènevois, había una causa desconocida para ello: tal vez Mirabeau estaba obligado por compromisos contraídos en

---

[131] Véase el Fondo Reybaz (Manuscritos) en la Biblioteca de Ginebra. Contiene 59 cartas de Mirabeau a Reybaz.

las logias masónicas y recibía la palabra de mando de Ginebra mientras que otras personas la tomaban de Londres. Tal vez se tratara de una prosaica cuestión financiera: Mirabeau pedía préstamos con frecuencia a los banqueros suizos Jeanneret y Schweitzer; como siempre andaba escaso de dinero, los ginebrinos seguían reteniéndole por este medio. Cuando Mirabeau trató con la corte, reembolsó parcialmente a Schweitzer, que se mostró muy sorprendido[132].

Por una extraña contradicción, la monarquía francesa parece haber sido derrocada por los suizos, mientras que los defensores más leales del rey, los suizos, son masacrados en su defensa.

Pero la unión ginebrina representaba una minoría turbulenta a la que Necker, Mallet du Pan y las mentes moderadas de su país eran totalmente hostiles. Recordemos el movimiento revolucionario que estalló en Ginebra en 1782. El ministro Vergennes, cuya gran inteligencia no siempre ha sido suficientemente admirada, escribió entonces: "Estudio las querellas de los revolucionarios de Ginebra, porque es de temer que sus escritos lleven fuera el fanatismo de que están llenos." Como observó Mallet du Pan, era efectivamente la Revolución Francesa la que se estaba gestando en Ginebra en 1782[133].

Tras los problemas de este periodo, Castella fundó en París un club helvético, cuyo secretario era el doctor Kolly. He aquí cómo valoró este club un funcionario suizo, Muller[134]: "Esta infame sociedad estaba formada por galeotes, bandidos y otros canallas de una nación cuyo nombre estaba siendo deshonrado... Los cantones resolvieron solicitar la entrega de estos malhechores, pero nuestros queridos aliados, en lugar de correspondernos

---

[132] A. Stern. *Vida de Mirabeau.*

[133] *Memorias de Mallet du Pan,* cap. 1 y 3. Sorel. *Europa y la Revolución Francesa,* p. 141 y 142.

[134] *Carta de Bartolomé.* Archivos de Asuntos Exteriores. Suiza, v. 428.

según los tratados, continuaron protegiendo a esta indigna tropa."
En efecto, Castella había sido condenado en Suiza a ser
descuartizado. Marat, Duport y Menou se unieron al club suizo.
Sillery y Barnave le prometieron su protección. Este club, que
hacía frecuentes llamamientos a la bolsa de Schweitzer, se
denominó sucesivamente Club Helvétique y Société Helvétique;
tenía su sede en la rue du Regard, rue Ste-Marguerite, rue du
Sépulcre y en una habitación de la abadía de St-Germain de Prés,
cedida por el distrito de ese nombre.

En 1792, el Club Helvétique se convierte en el Club des
patriotes étrangers, también conocido como Club des nations
étrangères amies de la Constitution. El 10 de agosto vuelve a
cambiar su nombre por el de Club des Allobroges[135]; uno de sus
miembros más activos es el doctor Doppet, que introduce en la
asociación a varios saboyanos, entre ellos el doctor Dessaix, el
notario Frezier, el fiscal Souviran, el poeta Michel Chastel, el
abogado Turinaz, el cirujano Magnin, Ganem y Bussat.

Los miembros del Club Helvético distribuyen constantemente
panfletos sediciosos entre los soldados. El 19 de septiembre de
1790 se promulgó un decreto para poner fin a sus actividades,
pero parece que continuaron en secreto.

Los inspiradores de Mirabeau pertenecían a un medio más
ilustrado y culto. ¿En qué consistía esta unión? El expediente
Duroveray de los Archivos Nacionales[136] ofrece la respuesta:
Duroveray, Clavière, Étienne Dumont y Divernois se exiliaron
de Ginebra en 1782, cuando los ejércitos francés y suizo
restablecieron el orden en la ciudad. Clavière se instaló en
Francia; Duroveray, Divernois y Dumont se fueron a Londres,
llevando consigo el deseo de vengarse tanto como pudieran de la
nación francesa. En Londres se pusieron en contacto con todas

---

[135] Mathiez. *La Révolution et les étrangers,* p. 33 y ss.

[136] F. 7, 6468.

las personas susceptibles de ayudarles en sus planes de venganza.

Duroveray, fiscal de Ginebra, había sido destituido a petición de Vergenne. Treinta y cinco años", dice la descripción policial, "no los aparenta. Es un hombre activo e inteligente. A finales del reinado de Luis XVI, se nacionalizó irlandés. Asiste a las sesiones de los Estados Generales; algunos diputados protestan contra la presencia de "un pensionista del gobierno inglés que participa en las deliberaciones y envía notas y observaciones a los diputados[137] " - De hecho, Duroveray recibía una pensión de trescientos luises del ministerio inglés. - Mirabeau declara que este hombre es un mártir de la libertad, Duroveray, a quien M. de Vergennes ha hecho perder su puesto en Ginebra. "Muchos aplausos. Duroveray está rodeado de diputados que acuden a él.

Después del 10 de agosto, a Duroveray se le ofreció el Ministerio de Justicia, que rechazó, y luego fue destinado a la embajada francesa en Londres. Bonnecarrère, el encargado de negocios, señaló que era peligroso confiar los secretos de nuestra diplomacia a un extranjero. Lebrun Tondu responde: "Duroveray fue agregado a pesar mío a la embajada de Londres, por la protección de Brissot, Clavière y Roland, aunque era bien reconocido pensionnaire de Inglaterra".

Añadió que la asignación de Duroveray se retiraría el mes que viene[138].

Como se acumulan las quejas contra Duroveray, Lebrun decide llamarle a filas el 19 de octubre. De vuelta a París, Duroveray fue finalmente denunciado como agente del gobierno inglés. Según un informe de la policía, el 4 de mayo de 1793, a las doce y media de la noche, se pidió a Duroveray que revelara su correspondencia con Inglaterra. Este ciudadano", dicen los

---

[137] *Archivos del Foreign Office,* Londres. v. 582.

[138] *Archivos del Foreign Office,* Londres. v. 582.

agentes encargados de su detención, "nos presentó varios paquetes que, según nos dijo, contenían dicha correspondencia, que parece ser desde 1789 hasta el presente. Los sellos estaban colocados. El 30 de julio, el Comité de Vigilancia considerando que "en dichos papeles hay taquigrafía e inglés (se dijo), que el comité no tiene conocimiento de este tipo de caracteres e idiomas, decide que la caja, la cartera y los paquetes sean llevados al Comité de Seguridad Pública[139]. ".

Luego se hizo el silencio sobre los papeles en cuestión, que ya no se encontraban en los Archivos Nacionales.

Etienne Dumont, pastor gènevois contemporáneo y amigo de Duroveray, "tiene mucho ingenio, habla bien y con reserva[140] ". Muy estimado en Londres por Fox, lord Holland, etc., Dumont recibió una pensión de trescientos luises de lord Lansdowne[141].

Presentado a Mirabeau en 1788 por Sir Samuel Romilly, se instala en París al año siguiente e inspira los discursos de Mirabeau, a veces asesorado por Lord Elgin[142]. En 1791, Dumont se alojó en casa de Bidermann, donde también frecuentaban Reybaz, Clavière y Brissot. Colaboró en el periódico *Le Républicain. Los* papeles de Barthélemy muestran que Etienne Dumont y Duroveray figuraban entre los agentes más activos de Pitt en París.[143]

Divernois (o d'Ivernois), expulsado de Ginebra con Duroveray, Dumont y Clavière, fue como ellos pensionado por

---

[139] *Archivos Nacionales. F. 7., 4696.*

[140] *Archivos Nacionales. F. 7., 6468.*

[141] Carta de Mme Reybaz a su hermano (*Vida y conspiraciones de Jean de Batz, por el Barón de Batz*).

[142] *Memorias de Etienne Dumont.*

[143] *Carta de Jeanneret a Deforgues, 19 de febrero de 1794.*

Inglaterra. "Unos años más joven que sus amigos, delgado, caminando con la cabeza hacia delante, Divernois no ofrecía nada distinguido en su físico general; en cambio, era muy amable en sociedad, muy ingenioso, hablaba con facilidad, escribía bien, con energía y soltura[144].

En la correspondencia secreta de la corte de Berlín[145] figura Divernois como uno de los principales agentes de Pitt. Por otra parte, nunca aprobó las crueldades revolucionarias y salvó la vida del general de Montesquiou.

Condenado en rebeldía durante el Terror, Divernois se instala en Inglaterra y se nacionaliza irlandés. En 1814 regresa a Gènevois y es nombrado Consejero de Estado.

Clavière era "inseparable de Dumont y Duroveray", dicen los informes al Comité de Seguridad Pública. Nuestro capítulo sobre los israelitas explica el papel político de Clavière.

El pastor Salomon Reybaz pronunció muchos de los discursos de Mirabeau al comienzo de la Revolución. Recibió una pensión de Inglaterra[146]. Durante el Terror, pasó desapercibido; bajo el Directorio, fue ministro de Suiza en Francia.

El 29 de noviembre de 1796, se pide a Reybaz que abandone París en un plazo de veinticuatro horas. El único comentario al respecto en los periódicos fue que "este Gènevois no despierta ni la curiosidad ni el interés de los ciudadanos[147].

---

[144] *Archivos nacionales*, f. 7, 6468.

[145] Karmin. *Documentos relativos a la correspondencia secreta con el tribunal de Berlín*.

[146] *Memorias* de *Soulavie*. Manuscritos de Reybaz en Ginebra. *Historia* de la *contrarrevolución* (barón de Batz).

[147] Aulard. *París bajo la reacción termidoriana*. T. III, p. 598.

Así que todo el grupo genovés, cuyo papel fue tan importante en nuestra Revolución, era simplemente un instrumento del gobierno inglés.

Pache es un revolucionario peculiar: pacífico y patriarcal, el hijo de cuidadores es el modelo de los empleados del ministerio. Cada mañana llegaba a pie desde los suburbios con una pequeña hogaza de pan en el bolsillo y trabajaba todo el día. Introducido por Necker en el control de las finanzas, hizo amistad con los ricos Anacharsis Cloots, Chabot, Hassenfralz y los jacobinos más exaltados. Representó a la sección luxemburguesa el 3 de agosto de 1792, para la petición de deposición del rey. *Papa Pache,* como se le conocía, confraternizó con las masacres de septiembre de[148]; recibió el Ministerio de la Guerra por la protección de Roland, en cuyo factótum indispensable se había convertido, y luego se dedicó a perder a su benefactor y a los girondinos. Desplegó una gran inteligencia y actividad para desorganizar la defensa nacional y preparar la derrota de los ejércitos franceses. Al final, como "todos los generales, todos los comisarios de la Convención, acusaron a Pache al mismo tiempo[149] ", fue despojado de su cartera. La Réveillère Lépeaux llamó a Pache el mayor despilfarrador del erario público: en tres meses de ministerio, dejó ciento sesenta millones sin justificar; Barère declaró que, ante la imposibilidad de desentrañar las cuentas de Pache, sería mejor pasar la esponja[150].

La dudosa reputación de Pache no le impidió ser nombrado alcalde de París; en calidad de tal, firmó las actas que acabarían con la cabeza de María Antonieta. Mandó guillotinar a Dillon y entregó los cañones a la Comuna de París durante el Terror. Todas las noches enviaba a su mujer, a su hija y a su hermana al

---

[148] G. Lenôtre. *Veilles maisons, vieux papiers*. t. I, p. 264.

[149] Chuquet. *Dumouriez.*

[150] Sybel. *Historia de Europa*, vol. II, p. 113.

cuartel de los Federados para incitarlos contra los Girondinos[151].

Cambon cree que en el momento de la insurrección del 31 de mayo, Pache fue sobornado por los contrarrevolucionarios: el movimiento habría sido "preparado por Robespierre, Pache y Danton para restaurar al pequeño Capeto en el trono[152]". Por otra parte, como Pache creía que podía alcanzar la dictadura, es posible que alentara todos los motines con la esperanza de sacar provecho de ellos. En la primavera de 1794, los Cordeliers conspiraban para poner a Pache a la cabeza de un nuevo gobierno. Hébert aceptó.

Los informes del Ministerio del Interior se referían a Pache como un agente de Pitt y añadían: "Se afirma que si no hubiera sido encarcelado, habría impedido el establecimiento de la nueva constitución (20 de noviembre de 1795)[153].

Perseguido varias veces, detenido al mismo tiempo que Hébert, Pache escapó a la guillotina, sin duda gracias al poder de la unión internacional. Al término de la Revolución, Pache se retiró, después de haber hecho fortuna, a una vieja abadía que había comprado a bajo precio y que había convertido en una magnífica finca. Allí vivió tranquilamente, sin tener ya ninguna relación con sus antiguos amigos, y sin leer siquiera los periódicos.

Su hijo renegó de sus opiniones y se cambió el nombre[154]. Su yerno, Xavier Andouin, era miembro de la Comuna de París y oficial de artillería; fue él quien un día pidió a la Asamblea Legislativa, en nombre del Club Jacobino, una ley para abreviar

---

[151] Sybel. *Historia de Europa*, vol. II, p. 32.

[152] A. Lanne. *El misterio de Quiberon.*

[153] Tureau Dangin, *monárquicos y republicanos*. Aulard. *Paris sous la réaction Thermidorienne*, t. II, p. 411.

[154] Lenôtre. *Vieilles maisons, Vieux papiers*, t. I, p. 272.

los procesos con el fin de eliminar la defensa de los acusados.

Pache parece haber sido un empleado concienzudo y trabajador del poder oculto que dirigía los acontecimientos. Esta era también la opinión de Robespierre, que nunca pudo atraparlo in fraganti.

A Marat se le han atribuido varias nacionalidades, entre ellas la francesa[155]. Sin embargo, según los registros del estado civil, el padre de Marat era de Cagliari, en Cerdeña, y se hizo suizo tras casarse con una mujer de Génova.

Este amigo del pueblo nació en Suiza, ejerció la medicina en Newcastle y Londres de 1769 a 1777, se unió a la masonería y luego se convirtió en médico de la guardia del Conde de Artois; sus violentos ataques contra Necker le llevaron a ser procesado en 1790. Regresó a Inglaterra, para volver en cuanto se instauró la anarquía en París. El resto de su historia es bien conocida. En cuanto a Marat, señalemos simplemente que la mayor parte de la violencia y crueldad del periodo revolucionario fue perpetrada por extranjeros.

L'ami du peuple parece haber sido un agente de Philippe Égalité; según algunos autores, le pagaba directamente Inglaterra. *Se* dice que Marat y Pitt se conocieron en Londres en una pequeña sala de taberna (en 1792)[156].

El lugar de Marat en la historia es sorprendente: no se puede afirmar seriamente que tuviera talento ni como escritor ni como orador. En general era antipático y, según Taine, padecía un tipo

---

[155] El Sr. R. Poidebard nos habla de una tradición lionesa según la cual la familia Marat procedía de Chuyer, en el Ródano. M. Chèvremont le atribuye un origen español.

[156] Véase Despatys. *La Révolution, la Terreur, le Directoire*, p. 49.

de locura bien conocida por los psiquiatras, delirios de ambición.

Hulin (o Hullin), de origen suizo, era el encargado de la lavandería de La Briche, cerca de St Denis; en 1789 se alistó en la Guardia Francesa y estuvo entre los vencedores de la Bastilla. A partir de entonces, se declaró un héroe; un memorándum en el que Hutin y Maillard relatan sus hazañas a la Asamblea contiene esta frase: "Si está permitido alabarse a sí mismos, los abajo firmantes lo harán sin duda, pero con la modestia que tan bien describe el carácter de los verdaderos héroes"[157].

Hulin formó la compañía de voluntarios de la Bastilla y se convirtió en su comandante. Pronto surgieron quejas contra su gestión; Marat también le acusó de dirigir a los bandidos expulsados de los batallones de París[158]; y un grupo de vencedores de la Bastilla le denunció como "confidente de la policía"[159].

Tras comandar la guardia nacional durante las jornadas de octubre, Hulin se distinguió el 10 de agosto. Cuando se disolvió la guardia nacional, fue nombrado capitán del ejército del Norte. Detenido bajo el Terror, escapó a la guillotina; fue de nuevo presidente del consejo de guerra que condenó al duque de Enghien, y luego se convirtió en general bajo el Imperio. El conspirador Malet le golpeó con una pistola y le rompió la mandíbula, pero se recuperó. Bajo la Restauración, ofreció sus servicios a Luis XVIII, que los rechazó.

Un gran número de suizos desempeñaron un papel secundario en la Revolución: Necker había llegado al poder en gran parte gracias a la influencia de Masson de Pezay, cuyo padre era genovés. Pezay era el amante de la princesa de Montbarey, que

[157] *Actas de la Comuna de París*, t. I, p. 156.

[158] *Actas de la Comuna de París*, t. I, p. 156.

[159] Buchez y Roux. *Historia parlamentaria*, t. VIII, p. 277.

dirigía a madame de Maurepas; ella dirigía a su marido, que dirigía al rey. Maurepas afirmó, por tanto, que Pezay era el verdadero rey de Francia. La revocación de los parlamentos se debió a su influencia.

Christin, secretario del Ministerio de Finanzas, era más bien contrarrevolucionario, mientras que Finguerlin era miembro de la Comuna de Lyon y del Directorio departamental.

La Harpe, que llamaba "papá" a Voltaire, nació en París de padres suizos. Sedujo a la hija de un comerciante de limones, se casó con ella, se divorció y se volvió a casar a los cincuenta y ocho años con una joven de veintitrés. En 1776 se convirtió en miembro de la Academia Francesa.

Representante de la Comuna por el distrito de St-Germain des Près, no cesó de elogiar la Revolución en sus conferencias y obras, escribió violentos artículos en el *Mercure de France,* y no cambió de opinión ni después de las masacres ni tras la muerte de Luis XVI. Pero fue detenido en abril de 1794, y sus compañeros de prisión, los obispos de St-Brieuc y Montauban, lo convirtieron[160]. Según Mallet du Pan, una desconocida hizo leer a La Harpe la Imitación de Jesucristo durante su cautiverio, y éste fue el verdadero motivo de su conversión[161]. Sea como fuere, el antiguo Voltairien convertido en clérigo tomó la Revolución "con una aversión igual al amor que le había profesado"[162].

El Directorio ordena su detención por segunda vez en 1796; redactor del *Mémorial,* La Harpe se ve implicado en la agitación monárquica, es absuelto y de nuevo condenado a la

---

[160] Ste-Beuve. *Lundis.* Tomo V.

[161] Mallet du Pan, *Mémoires*, p. 459.

[162] Arnault. *Recuerdo de un sesentón.*

deportación [163] ; consigue ocultarse del 18 Fructidor al 18 Brumaire. La policía se olvidó de él y murió en 1803, dejando varias obras famosas.

Otro ginebrino, Pictet, amigo de Voltaire, se instaló en París unos diez años antes de la Revolución, encontró un puesto gracias a Necker y frecuentaba el salón de Mme Roland; fue uno de los fundadores de la Société des amis des noirs. Pero durante el Terror cambió de bando, y los papeles de Barthélemy mencionan a Pictet y Mallet du Pan como muy activos con la ayuda de los ingleses contra la Convención.

Mallet du Pan adoptó siempre una actitud moderada y prudente, criticando los excesos revolucionarios y denunciando la existencia de un poder oculto, sin mencionar sin embargo la organización masónica. Escribió al rey de Prusia sobre los clubes revolucionarios: "Todas estas sociedades están, sin sospecharlo, dominadas por la influencia secreta de una asamblea más íntima compuesta por la quintaesencia de todas las demás asambleas:... Esta asamblea secreta se compone de un comité central residente en París, que se corresponde con otros comités centrales...".

El jacobinismo está aliado con los presbiterianos en Inglaterra, los Illuminati en Alemania, etc."[164].

Antes de la Revolución, Mallet du Pan escribió el *Journal historique et politique* de Genève, que se fusionó con el *Mercure de France;* en él defendía las ideas de los monárquicos constitucionales. Luis XVI le confió una misión secreta ante las fuerzas de la coalición. De regreso a Ginebra tras la caída de la monarquía, mantuvo una activa correspondencia a favor de los monárquicos. Murió en Londres en 1800, habiendo escrito varias

---

[163] *Recueil des actes du Directoire exécutif.* T. I.

[164] F. Descostes. *La Revolución Francesa vista desde el extranjero.*

obras valiosas.

En el bando contrario estaba Virchaud (de Neufchâtel) secretario del club Cordeliers; fue él quien presentó a la Asamblea la petición del 15 de julio de 1791 contra la realeza[165]. Se rumoreaba que los peticionarios habían sido sobornados por gobiernos extranjeros.

Gaspard Schweitzer (de Zurich), sobrino de Lavater, parece haber sido un buen hombre explotado por el sindicato internacional. Afiliado a los Iluminados, se instaló en París al principio de la Revolución; introducido por Mirabeau entre los jacobinos, trabó amistad con Barnave, Robespierre, Bergasse, etc., y se dejó embaucar y arruinar por los revolucionarios, que no cesaron de servirse de su monedero. Mirabeau, mientras le pedía prestadas sumas considerables, cortejó a Mme Schweitzer, de quien se dice que le rechazó.

En 1794, el Comité de Seguridad Pública encargó a Schweitzer que fuera a América a vender las principales riquezas de los castillos reales y a reclamar treinta millones prestados por Luis XVI a Estados Unidos. Schweitzer estaba encantado y vio en ello una oportunidad para rehacer su fortuna. Desgraciadamente, se le unió un aventurero llamado Swan, que le robó. Regresó a Europa y acabó su vida en la miseria[166].

Niquille, agente de la Comuna de París, fue nombrado Inspector General de Policía después del 18 Brumario. Detenido a pesar de Barras tras la explosión del 2 de Nivôse, fue deportado a Madagascar.

Panchaud, tras haber sido banquero en Londres, fue nombrado director de la Caisse d'Escompte de París. Aunque

---

[165] Aulard. *Histoire politique de la Révolution Française*, p. 148 y ss.

[166] Barbey. *Los suizos fuera de Suiza.*

formaba parte del grupo que dirigía Mirabeau, parece haberse preocupado más por las finanzas que por la política.

Gustave Bord atribuyó la muerte de Foullon a influencias de Génova y Suecia, sin dar nombres.

El pastor Frossard (de Nyon) era director honorario de la facultad de Oxford y miembro de las sociedades campesinas de Bath y Manchester. Young fue a alojarse con él a París porque le consideraba casi un compatriota; vinculado a Brissot y Roland, Frossard fue nombrado tras la huida de Varennes miembro del comité permanente jacobino establecido en Lyon, luego miembro del consejo general y fiscal. Aceptado por los jacobinos de Clermont, inauguró el culto protestante en la iglesia de Carmes. Estuvo en Lyon a finales de 1793 y luego se le perdió la pista hasta que se le encontró en 1802 como miembro del consistorio de París[167].

El Sr. G. Bord[168] señaló la extraña actitud del coronel d'Affry, quien, tras declararse enfermo en el momento del asunto de Réveillon, se negó el 10 de agosto a dar a los suizos la orden de disparar contra los alborotadores que les atacaban[169]. D'Affry pertenecía a la masonería.

En resumen, un grupo de suizos desempeñó un papel importante en la Revolución, pero no representaban ni la política del gobierno helvético ni las ideas de la mayoría de su país. Muchos de ellos eran pensionistas británicos; otros estaban bajo influencia británica. En 1802, Napoleón Ier atribuyó la insurrección de Ginebra a la influencia inglesa.

Al igual que los francmasones, los judíos y los protestantes,

---

[167] *Correspondance de Mme Roland,* p. 726.

[168] *La conspiración revolucionaria de 1789.* G. Bord.

[169] Véase el *Moniteur* del 30 de agosto de 1792, p. 553.

los suizos eran un instrumento de demolición dirigido por un poder oculto. En opinión de Soulavie, francés residente en Ginebra, "Dumont, Duroveray, Clavière y otros aventureros eran los secuaces de un comité inglés[170].

---

[170] *Memorias de Soulavie.* V. VI, p. 409.

CAPÍTULO VI

LA INVASIÓN EXTRANJERA EN 1789

A l principio de la Revolución, "ingleses, italianos y banqueros se infiltraron en las asambleas populares y en las antesalas de los ministros. Lo espían todo y se introducen en las sociedades populares. Pronto se les ve vinculados a los magistrados que les protegen" [171]. Según Loustalot y Thureau Dangin, en París había 40.000 extranjeros sin domicilio fijo y sin ocupación específica[172]. Bezenval cuenta que la aparición de estos hombres, "la mayoría de ellos disfrazados, armados con grandes palos, bastaba para hacerse una idea de lo que había que temer de ellos". Serían el ejército empleado por el sindicato revolucionario; a ellos se unirían los miles de vagabundos, ladrones y vagabundos que siempre se regocijaban en tiempos de agitación. "Mediante una cuidadosa selección, se formaría un cuerpo de jenízaros triplemente pagados"[173], que llevarían a cabo todos los disturbios ordenados por el poder oculto. Los agentes del duque de Orleans parecen haber sido los encargados de pagar a este ejército revolucionario. Según las memorias de Mallet du Pan[174], la paga triplicaba la de

---

[171] *Archivos nacionales* AD¹ 108. Informe a la Convención sobre las facciones extranjeras.

[172] Thureau Dangin, *monárquicos y republicanos.*

[173] TAINE. *La Revolución Francesa.*

[174] *Mémoires de Mallet du Pan,* t. II, p. 52.

las tropas regulares.

Marat reconoció en *L'Ami du peuple*[175] que los vencedores de la Bastilla eran en su mayoría alemanes. La tropa del general Henriot, un antiguo sirviente que había sido expulsado varias veces por robo, estaba formada principalmente por alemanes que ni siquiera entendían el francés. M. de Montmorin declaró que "casi todos los que forzaron las puertas de las Tullerías el 21 de junio eran extranjeros"[176].

Hay que señalar en relación con este famoso motín que dos de los espectadores, que se contaban entre los más inteligentes, le asignan la fecha del 21 y no la del 20. Las memorias del general Dumouriez coinciden a este respecto con el memorial de Santa Elena (L. 1, p. 106). Este es uno de los raros puntos en los que estos dos enemigos mortales (Napoleón y Dumouriez) tienen la misma opinión.

Cuando, en vísperas del 10 de agosto, los ministros declararon que el rey nunca aceptaría disparar contra su propio pueblo, Lameth replicó: "¿Acaso el pueblo se encuentra en un montón de extranjeros sin patria convocados en París desde hace seis meses?"[177].

El hecho era tan difícil de negar que el directoire del departamento del Sena respondió oficialmente a una circular del ministro Roland: "No hemos buscado la opinión del pueblo en medio de estas reuniones de hombres en su mayoría extranjeros"[178].

---

[175] Nº 50.

[176] G. MALET. *Vencedores de la Bastilla y vencedores del* 10 de agosto. *Intermédiaire des chercheurs* 10 de febrero de 1913.

[177] *Mémoires de Lameth*, p. 156.

[178] TAINE. *La conquista jacobina.*

En su libro sobre Frédéric Gentz, Schmidt Weissenfels habla también de la avalancha de aventureros que recorrió Francia en esta época, llegados tanto de las orillas del Tíber como de las del Sprée.

No era imposible encontrar oficiales revolucionarios franceses al mando de estas tropas, pero no parecían tener suficientes escrúpulos, y los conspiradores eligieron a un polaco, Lazowski, que se había alistado en el ejército francés y había sido condenado a muerte por golpear a uno de sus superiores. Aunque indultado por Luis XVI, siguió siendo enemigo de la realeza. Capitán de artillería al comienzo de los acontecimientos de 1789, es nombrado miembro del Comité Revolucionario, sección Finistère[179]. Tras organizar los primeros disturbios, fue elegido el 16 de junio de 1792, junto con algunos oscuros ciudadanos, para ir al Hôtel de Ville a anunciar la intención de los suburbios de sublevarse en masa. Propuso entonces al Consejo de la Comuna que los manifestantes fueran armados "por precaución y para imponer sus armas a los malintencionados". Lazowski dirigió a los alborotadores el 20 de junio y el 10 de agosto, exponiéndose al fuego mientras los instigadores del movimiento se escondían. Hizo matar sin juicio a los prisioneros de Orleans con la ayuda del americano Fournier, dirigió las matanzas de Versalles, tramó con Desfieux y Varlet el asesinato de los principales diputados de la derecha y propuso a los Cordeliers la proscripción de los girondinos.

Se entregó a una bebida tan excesiva que murió alcohólico el 21 de abril de 1793. Dos meses antes había sido procesado por organizar disturbios en Amiens. Sin embargo, el registro de la prisión de Amiens indica que Joseph-Félix Lazowski fue encerrado el 1er de febrero de 1794[180]. Llevaba muerto diez

---

[179] *Archivos nacionales*, F. 7, 2517.

[180] Darsy. *Amiens durante la Revolución.*

meses. Aún no se ha encontrado la explicación.

Tal vez fuera su hermano, tutor de los hijos del duque de Liancourt, entregado a la causa monárquica. Lacretelle dice que Lazowski "se lamenta de la triste fama que su hermano atribuye a su nombre[181]". En ese caso, puede tratarse de un error de nombre en los registros de Amiens.

El gran hombre recibió un funeral de Estado. El club jacobino decidió que el busto de Lazowski se colocara junto al de Bruto, encima del sillón presidencial. La reputación de Lazowski era más bien mediocre; su oración fúnebre contiene esta frase: "A los servicios prestados por Lazowski a la Revolución, sería vano dirigir acusaciones de malversación, fundadas tal vez, y otros delitos demasiado familiares a los hombres de gran carácter".

Pero Robespierre declara que llora "por la inmensa pérdida que la República acaba de hacer y que absorbe todas las facultades de su alma[182]."

En Alsacia, el principal agente del complot revolucionario fue un monje alemán expulsado de la Iglesia, Euloge Schneider. Profesor en Bonn en 1789, se trasladó a Estrasburgo sin motivo conocido y se hizo famoso por su violencia en el Club Jacobino. Nombrado inmediatamente juez y luego acusador en el Tribunal Revolucionario, organizó el Terror, impuso enormes multas a toda la ciudad, encarceló a dos mil personas y las hizo tratar más o menos duramente según lo que le pagaran[183]. Recorrió Alsacia a lo largo y ancho, arrastrando tras de sí a su tribunal y su guillotina, maltratando a las mujeres aterrorizándolas.

Mientras se contentó con robar, violar y guillotinar, los

---

[181] De Lacretelle. *Dix ans d'épreuves*, p. 67 y ss.

[182] E. Biré. *Journal d'un bourgeois de Paris*, t. II p. 339 y ss.

[183] Sybel. *Historia de Europa*, vol. II, p. 347.

comisarios de la Convención le dejaron salirse con la suya, ¡pero no se le ocurrió un día entrar en Estrasburgo en un carruaje enjaezado con seis caballos! Esta vez, la igualdad democrática se vio amenazada; St-Just y Lebas promulgaron el siguiente decreto: "Los representantes del pueblo, informados més de que Schneider llegó a Estrasburgo con pompa insolente, arrastrado por seis caballos, rodeado de guardias y con el sable desnudo, deciden que dicho Schneider sea expuesto mañana de 10 a 2 de la mañana en el cadalso, para expiar el insulto a la moral de la República y que después sea conducido al Comité de Seguridad Pública".

Schneider fue enviado a París, condenado a muerte el 11 de Germinal del año II y ejecutado.

Desfieux (o Deffieux) es retratado en las memorias de Meillan como un "granuja, ladrón, atracador fraudulento de bancos, pero un buen patriota". ¿Por qué este buen patriota, que era belga, tenía tanto interés en derrocar a Luis XVI en lugar de continuar con el comercio de vino en Burdeos que llevaba desde 1789?

¿Cómo se involucró con el Conde Proly, Pereyra y Dubuisson? Tantos misterios.

Así describe él mismo sus inicios en la política, sin explicar sus motivos[184]:

"... El 12 de julio, llevé la noticia de la destitución de Necker al Palais Royal e inmediatamente insté a la gente de allí a tomar las armas contra la Corte... El 13 de julio, fui uno de los primeros en ir a la iglesia de los Petits Pères. Allí di el método de alistamiento para formar la guardia nacional; este método fue adoptado.

---

[184] *Archivos nacionales*, F. 7, 4672.

El 14, estuve en la Bastilla y dondequiera que un patriota deba estar...

Los negocios me llevaron a Burdeos. Allí prediqué la Revolución y formé una sociedad popular conocida como el Club du café national.... Me marché invitado por el ayuntamiento de Toulouse para fundar allí una sociedad popular... Mi reputación de patriota me llevó a ser admitido en la sociedad jacobina.... Fui uno de los primeros en denunciar a los brissotinos, los rolandinos, los girondinos...".

En agosto de 1790, un vendedor ambulante de panfletos antimilitaristas fue detenido; la investigación demostró que había recibido el encargo de Desfieux, que se había trasladado recientemente a París. Al año siguiente, Desfieux es nombrado tesorero de los jacobinos, jurado del tribunal revolucionario, presidente del comité de correspondencia del club de los jacobinos y miembro del comité revolucionario.

El ministro de la Guerra, Bouchotte, le confió una misión en Suiza. A su regreso a París, apoya las propuestas más avanzadas y critica la lentitud de la corte revolucionaria.

En enero de 1793, Desfieux era vicepresidente de la Sociedad de Amigos de la Libertad, que se declaró permanente hasta la ejecución del tirano y envió una delegación para invitar a la Comuna a redoblar su vigilancia[185]. Pero al mismo tiempo, Desfieux era agente secreto del barón de Balz, que quería intentar salvar al rey[186].

En la primavera de 1793, Desfieux, miembro del comité de insurrección, instala una oficina en su domicilio de la rue des Filles St-Thomas, donde se dedica al comercio de plazas.

---

[185] Beauchesne. *Historia de Luis XVII.*

[186] *Archivos nacionales*, F. 7, 4672.

También se encargó de actuar por cuenta de Collot d'Herbois a cambio de un corretaje honrado. Estaba convencido de haber recibido dinero de Lebrun Tondu para interceptar despachos jacobinos, aunque no se sabe con qué fin. A veces se limitaba a hacer desaparecer su correspondencia; otras, la sustituía por despachos falsos; los correos recibían jugosas remuneraciones por hacer esto[187].

Este enigmático personaje era el propietario de la casa donde vivía Proly y uno de sus criados o empleados era el guardián de los precintos en el momento de la detención del hijo de Kaunitz[188]. Encerrado casi al mismo tiempo que Proly, Desfieux consiguió salir de la cárcel el 25 de Frimaire y exigió que se levantaran los precintos colocados en su casa. Resultó que el precinto había sido roto por una mano desconocida y que los papeles incriminatorios habían desaparecido.

Al final, Desfieux fue condenado a muerte junto con sus amigos Pereyra y Proly.

Una de sus conciudadanas, la niña Terwagne, más conocida como Théroigne de Méricourt, nació en Bélgica justo en el momento, dicen los cronistas de la época, "en que Venus entró en conjunción con Mercurio". Esto pudo considerarse un presagio peligroso. Se equivocó muy joven y se convirtió en la amante de un coronel austriaco y, se dice, del rey de Inglaterra; se han publicado cartas falsas de Théroigne a este soberano. Tras varias aventuras que acabaron con su condena a prisión en Autrice, Théroigne de Méricourt se instaló en París poco antes de la Revolución. A menudo se la veía sola en un palco de la Ópera, cubierta de diamantes[189]. Junto con Romme, funda el Club des *Amis de la Loi (*Club de los *Amigos de la Ley)*, del que es

---

[187] Buchez y Roux. *Historia parlamentaria*, T. XXXI, p. 376.

[188] *Archivos nacionales*. F. 7, 2774.

[189] *Memorias del Conde de Espinchal*.

archivera, y se encuentra así en contacto frecuente con Roland, Bosc y Lanthenas. En febrero de 1790 es admitida en el club de los Cordeliers, donde pronuncia un discurso muy aplaudido.

En la reunión del 26 de enero de 1792, Dufourny habló en estos términos en el Club de los Jacobinos: "Señores, debo anunciarles un triunfo del patriotismo: Mademoiselle Théroigne, famosa por su civismo y por las persecuciones que ha sufrido a manos de la tiranía, está aquí en la tribuna de las damas. Inmediatamente, varios miembros de la sociedad la subieron y la bajaron a la sala, donde fue recibida con todo el interés que su sexo y sus desgracias podían suscitar[190].

Sin embargo, como es difícil contentar a todo el mundo, pocos días después Théroigne fue azotada públicamente por un grupo de contrarrevolucionarias que se reunieron con ella en la Tuilerie. A Collot d'Herbois tampoco le gustaba; el 23 de abril de 1792 declaró en la tribuna del Club Jacobino: "Lo que nos produce una gran satisfacción es enterarnos de que en un café, en la terraza de los Feuillants, mademoiselle Théroigne ha decidido retirarnos su estima a Robespierre y a mí". En ese momento, dice la historia parlamentaria[191], Mademoiselle Théroigne se encontraba en la tribuna de las damas. Irritada por el apóstrofe y el rumor que creó, saltó la barrera que la separaba del interior de la sala, superando los esfuerzos que se hicieron para contenerla, se acercó a la mesa con gestos animados, e insistió en pedir la palabra. Pero al final fue rechazada.

Théroigne de Méricourt participó en todas las revueltas; arengó a los parisinos y al regimiento de Flandes los días 5 y 6 de octubre, después de haber predicado la rebelión a la guarnición de Nancy. Una guapa morena de veinte años, según las memorias de Hyde de Neuville, vestida como una amazona

---

[190] Aulard: *La société des Jacobins*, t. III, p. 346.

[191] Buchez et Roux, t. XIV, p. 130.

con un sombrero de plumas de Enrique IV, un par de pistolas y un puñal al cinto, incitó al pueblo a la masacre de los suizos el 10 de agosto e hizo degollar al periodista Suleau, cuyos artículos la atacaban; luego hizo llevar la cabeza del desafortunado escritor en la punta de una pica.

El general Thiébault cuenta en sus memorias cómo Théroigne le arrebató sus cañones. Después del 10 de agosto, fue Théroigne quien venció la resistencia del presidente de la sección de Feuillants para entregar a los prisioneros. Por supuesto, fueron masacrados inmediatamente.

Tales hazañas merecían ser recompensadas, por lo que los federados concedieron coronas cívicas a Théroigne de Méricourt y Rose Lacombe, en memoria de su valor, el 10 de agosto[192].

¿Por qué este extranjero estaba tan apasionado por la causa revolucionaria? ¿De dónde procedía el dinero que distribuía entre los alborotadores? Cabe preguntarse si era simplemente una agente del rey de Inglaterra o de Kaunitz, con quien mantenía una correspondencia regular. Los archivos de Viena dan fe de ello. Posteriormente no fue posible recoger sus confidencias, ya que en 1794 enloqueció y fue internada en el hospital de la Salpêtrière[193].

Entre la banda de Desfieux, Proly y Pereyra se encontraba el español Gusman (o Guzmán). Banquero turbio, intentó sin éxito hacerse pasar por hijo del príncipe elector de Colonia, luego por Grande de España y después por descendiente de los duques de Bretaña. Bajo Luis XVI, se hizo llamar Barón de Frey, súbdito alemán, y luego se alistó en el ejército francés, del que fue expulsado por razones desconocidas. Se convirtió en uno de los

---

[192] *Memorias de Bertrand de Molleville... Memorias de Beaulieu.* Lacour: *Tres mujeres de la Revolución.*

[193] *Archives nationales,* F. 7, 4775, 27.

agentes más activos del Comité Central Revolucionario y del Comité Revolucionario de la Comuna. La sección Piques le nombró uno de sus comisarios. Participó en todos los disturbios, gastando dinero sin reparar en gastos; Barbaroux y otros le acusaron de distribuir "assignats" entre los alborotadores. M. Morel Fatio[194] cree que Guzmán era un agente del gobierno austriaco. Entre las muchas denuncias contra Guzman hay una en la que se le acusa de ser una mujer disfrazada de hombre.

Tres veces por semana, Gusman daba cenas en las que Danton, Fabre d'Églantine, Camille Desmoulins, Pereyra, Chabot y algunos ingleses degustaban vinos suministrados por Desfieux. Fue miembro de los Hébertistes y, tras la muerte de Luis XVI, Gusman fue uno de los agentes secretos de Jean de Batz[195].

Fue condenado y guillotinado el 5 de abril de 1794.

El italiano Rotondo había sido expulsado de Francia en 1785 por estafar a una veintena de bailarinas de la Ópera. Se cree que fue reclutado por Lameth para los primeros disturbios de la Revolución. Junto con su conciudadano Cavallanti, dirigió el saqueo del Hôtel de Castries. Pocos días después, fue apaleado por oficiales a los que no gustaron sus diatribas revolucionarias. Afirmaba ser profesor de lenguas extranjeras y se quejaba de que todos los tiranos de Europa estaban unidos contra él.

En julio de 1790, el profesor recibió instrucciones, sin duda de las sociedades secretas, para asesinar a la reina. Por eso entró en los jardines de St-Cloud justo cuando María Antonieta daba su paseo diario[196]. Pero la lluvia impidió a la Reina salir ese día

---

[194] *Reseña histórica.*

[195] *Archives nationales*, A. F" 45 y F. 7, 4774.

[196] *Mémoires de Mme Campan*, p. 276.

y Rotondo no parece haber realizado ningún otro intento.

Cuatro meses más tarde, los informes policiales establecieron que un italiano "que a veces se hacía llamar inglés, que a veces se llamaba Rotondi, a veces Rotondo, hizo los comentarios más insultantes contra el Rey y la Reina. El 29 de julio de 1791, fue procesado por dar dinero a los alborotadores".

"El valiente Rotondo, detenido por un granadero, fue conducido al cuerpo de guardia del batallón de Enrique IV, donde este bribón le asesinó de un culatazo en la cabeza[197].

Pero Rotondo tenía la cabeza dura, ya que cuatro días después fue liberado de la prisión de la Abadía. Detenido de nuevo por comentarios incendiarios, esta vez pasó 15 días en el Châtelet. Poco después, fue devuelto a la Abadía porque se le acusaba de haber disparado contra Lafayette. M. Lenôtre señaló que el robo de las joyas de Mme du Barry coincidió con la salida de prisión de Rotondo, que había intentado chantajearla[198]. Participó activamente en los preparativos de las jornadas del 20 de junio y del 10 de agosto, y luego participó en las masacres de septiembre. Asustado, se escondió. Detenido en Ruán, escapó y se refugió en Ginebra, donde fue detenido, portando una gran suma de dinero con la que había reclutado a una banda de 200 a 300 bandoleros[199]. Fue encarcelado tras recibir, según él, más de cincuenta golpes de sable y bayoneta. Fue entregado al rey de Cerdeña como uno de los asesinos de la princesa de Lamballe y condenado a cadena perpetua. Pero cuando llegaron las tropas francesas, Rotondo fue puesto en libertad y obtuvo un pasaporte del general Kilmaine en el que se le designaba como "chargé d'affaire pour la République française" ("encargado de negocios para la República Francesa"). Rotondo pensó que se había

---

[197] *L'Ami du peuple*, 29 de julio de 1791. *Actes de la Commune*, t. VI, p. 670.

[198] Lenôtre: *Veilles maisons, vieux papiers*, serie 2ᵉ, p. 149.

[199] *Actas de la Comuna de París*, t. VI.

salvado, pero al llegar a París fue detenido de nuevo como agente de Inglaterra, lo que no le impidió nacionalizarse francés y convertirse en agente secreto del Directorio. Tres meses más tarde fue conducido a la frontera por la gendarmería. A su regreso, el 18 de Brumario, Napoleón le hizo expulsar de nuevo.

En 1811, Rotondo fue detenido de nuevo en Francia por robo a mano armada, pero la policía se limitó a enviarlo a la frontera. Se instaló entonces en Italia, donde pronto fue ahorcado por asesinato y robo[200].

Se sospechaba que Rotondo era un agente de Inglaterra y distribuía dinero a los alborotadores. Así que trabajaba para alguien.

Entre sus amigos se encontraba el inglés Greives, a quien se atribuye el robo de las joyas de Mme du Barry. Greives, que mantenía excelentes relaciones con Marat, había sido nombrado comisario del Comité de Seguridad General. A fuerza de denuncias contra la antigua favorita, consiguió su detención, acumuló todo tipo de pruebas contra ella e hizo detener a todas las personas que hubieran podido informar a la justicia del robo de las joyas. Acompañó a Mme du Barry en carruaje desde Louveciennes hasta la prisión. Se ha preguntado si la antigua favorita se negó a pagar el precio exigido por su fuga, ya que tales prácticas estaban bastante extendidas en el mundo revolucionario. Una vez encerrada Mme du Barry, Greives se trasladó al castillo de Louveciennes para redactar el inventario; el ayuntamiento designó a cinco guardias para evitar que Greives fuera molestado en su trabajo. El inventario tardó mucho tiempo en elaborarse porque muchos objetos de valor estaban cuidadosamente escondidos. Finalmente, al cabo de seis meses, todo el patrimonio de Madame du Barry se había evaporado, y Greives partió hacia Holanda. Detenido en pleno viaje, fue

---

[200] H. Furgeot: *El marqués de St-Huruge*. G. Lenôtre: *Veilles maisons, vieux papiers,* serie 2ᵉ , p. 157.

conducido a la prisión de Récollets. Pero enseguida encontró excelentes argumentos para abrir las puertas, y se fue a vivir tranquilamente de sus rentas a Bruselas, según M. G. Lenôtre, y a América, según otros autores.

Greives fue uno de los hombres que comprendió el lado práctico de la Revolución. Protegido primero por Mirabeau y luego por Marat, arriesgó poco improvisando como liquidador de la fortuna de Mme du Barry. Pero para demostrar su civismo, fundó un club en Louveciennes e hizo guillotinar a diecisiete personas.

Châlier, nacido en Suze (Piamonte), llegó a París en 1789 y se hizo amigo de Robespierre. Organizó el Terror en Lyon, donde mandó guillotinar a unos seis mil sospechosos[201] , aunque la *Revue historique* de mayo de 1887 afirma que "Châlier, estadista francés, no mató a nadie".

En uno de sus discursos, afirmó: "Un sans-culotte es tan invulnerable como los dioses que representa en la tierra". Sin embargo, cuando la ciudad de Lyon se sublevó contra el régimen terrorista, Châlier fue guillotinado a su vez el 16 de julio de 1793.

Su ayudante en Lyon era el príncipe Carlos de Hesse, a quien Nodier comparaba con un tigre parlante.

Este extranjero había progresado rápidamente en el ejército francés gracias a la protección de Luis XVI. Sin embargo, cuando los cortesanos de Versalles se burlaron de su pesadez, se declaró miembro del partido revolucionario contra el partido de la Corte.

En todas las guarniciones que visitaba, el príncipe de Hesse no cesaba de denunciar a sus superiores, camaradas y subordinados. Un miembro del comité de guerra declaró durante

---

[201] *Papiers de Robespierre*, vol. II. Sybel: *Histoire de l'Europe*, vol. II, p. 347.

la Revolución: "Hesse es el más incansable de los acusadores, pero siempre desaparece cuando se trata de aportar pruebas[202]. Mariscal de Campo en 1789, pronunció discursos en el Club Jacobino en los que atacó a todos los generales, en particular a Narbonne, Broglie, Dietrich y Montesquiou. Parece haber recibido una misión de los poderes ocultos para desorganizar los ejércitos franceses.

Cuando estalló la guerra, se declaró demasiado enfermo para ir a la frontera, pero ya no lo estaba para asistir a las reuniones del Club Jacobino. Agasajado por Luis XVI, escribe a la Convención para que condene a muerte al tirano. Dirigió la revista Les *Hommes libres,* y después del 10 de agosto se acostumbró a firmar con su nombre "Charles Hesse, jacobino".

Destituido el 13 de octubre de 1793, pronto fue detenido. Salvado por el 9 Thermidor, intentó en vano ser readmitido en el ejército, pero se le concedió una pensión de jubilación. Colaboró en los periódicos más avanzados. En 1798, como se oponía al Directorio, la policía invitó al Príncipe de Hesse a abandonar Francia. Inmediatamente cayó enfermo, como cuando luchaba; luego se dejó olvidar. Detenido el 18 de Brumario, pero pronto liberado, conspiró con antiguos jacobinos y cenó con Georges Cadoudal; esta vez, fue internado durante tres años en la isla de Ré. En 1803, fue deportado a la frontera alemana por motivos de salud. Se reconcilia con su familia y recibe una pensión a condición de no casarse con su amante. Al final del Imperio, el Príncipe de Hesse regresó a París; la policía se apresuró a pedirle que se marchara. Finalmente murió en Francfort en 1821[203].

Entre los que se reían de todo en 1789 por miedo a verse obligados a guardar luto estaba el príncipe Frédéric de Salm Kirbourg, hermano de la princesa de Hohenzollern. Entre el Quai

---

[202] Sybel: *Histoire de l'Europe,* t. I, p. 624.

[203] Chuquet: *Un Prince Jacobin.* Sybel: *Historia de Europa,* t. I.

y la rue de Lille, había construido el palacio que hoy es la Cancillería de la Legión de Honor[204].

Nombrado mariscal de campo, brilló menos en el campo de batalla que en los salones. Se encontraba en Utrecht con ocho mil hombres cuando se enteró de la llegada de los alemanes; inmediatamente se retiró sin luchar y regresó a París para divertirse. Nombrado por Lafayette comandante de batallón en la Guardia Nacional, el príncipe de Salm hizo el ridículo con su celo revolucionario[205].

Su palacio era un lugar de encuentro para los electores más obstinados. Sin embargo, no pudo olvidar su nacimiento y fue guillotinado como aristócrata.

Dubuisson, poeta mediocre y autor sin éxito, era de origen belga[206]. Miembro del comité de insurrección de la Comuna de París y vicepresidente del club jacobino, consiguió que se representaran algunas de sus obras en el teatro Montansier.

Como emisario del club jacobino, acude con otros dos extranjeros, Proly y Péreyra, para pedir cuentas a Dumouriez por sus amenazas contra la Convención.

Según Robespierre, Dubuisson y Proly, cubiertos por la máscara del sans-culottismo, organizaron un sistema de contrarrevolución y tuvieron como cómplices a banqueros ingleses, prusianos y austriacos. Sin embargo, Dubuisson fue uno de los extranjeros contratados por nuestro Ministerio de Asuntos Exteriores en 1793. Encargado de una misión secreta en Suiza,

---

[204] Puesto en lotería tras la condena del príncipe, este hotel fue comprado por un mozo de peluquería, Lieuthraud, que también compró el castillo de Bagatelle.

[205] P. Masson. *Joséphine de Beauharnais*, p. 186.

[206] *Memorias de Durand de Maillane*. Taine: *La Révolution*, etc.

acabó siendo proscrito al mismo tiempo que Hébert y fue guillotinado en 1794.

El italiano Dufourny era miembro del comité revolucionario de la Comuna y presidente del departamento de París. Era miembro titular del Comité de Seguridad General y asistía a todas las deliberaciones del Comité de Seguridad Pública. Su celo parecía incluso sospechoso a sus colegas. Robespierre señaló que Dufourny se había infiltrado en el comité de insurrección el 31 de mayo; "cuando vio que el movimiento iba a triunfar, buscó la manera de volverlo impotente".

Miembro muy activo de los Cordeliers y de los Jacobinos, Dufourny fue proscrito por Robespierre por haber defendido a Danton. El 9 de Termidor le salvó la vida; posteriormente fue detenido de nuevo como agente de extranjeros, y amnistiado el 4 de Brumario del año IV. Se convirtió en administrador de polvos y salitre.

François Robert[207], periodista de Lieja, se casa con la señorita de Kéralio. Amigo de Danton, protegido de Mme Roland, miembro de los clubes de los Jacobinos y de los Cordeliers, fue elegido diputado por París. En su salón se formó el primer grupo republicano. Editor del *Mercure* y de *Révolutions de Paris,* François Robert forma un comité central para unir a las sociedades populares de París.

Temiendo ser detenido en 1791, se escondió en casa de Roland; más tarde redactó una acusación contra la casa que le había dado hospitalidad.

El 22 de junio de 1792, a propuesta de François Robert, el Club des Cordeliers votó un discurso ante la Asamblea Nacional en el que se pedía la instauración de la República. Argumenta

---

[207] No debe confundirse con François Robert, geógrafo francés.

ante la Convención que todo francés tiene derecho a asesinar a Luis XVI.

Brissot le había prometido una embajada (Petersburgo, Viena o Varsovia); la influencia de Dumouriez hizo fracasar esta extraña elección. Para compensarle, Danton le contrató como secretario del ministerio de Justicia.

Súbitamente rico en 1793, François Robert saldó sus deudas y ofreció lujosas cenas.

Incluido en el proceso del comité revolucionario del Contrato Social, fue condenado el 8 de agosto de 1795: 1° a la degradación por el Estado, 2° a ser atado con una camisa de fuerza durante dos horas [208]. François Robert dejó de ser mencionado. Fue desterrado en 1816.

Joseph Gorani, célebre literato milanés, era amigo de Voltaire y d'Holbach. Ya en 1770, su *Traité du despotisme* expone teorías claramente revolucionarias. En correspondencia con los principales líderes del movimiento de 1789, fue trabando amistad con los jacobinos más exaltados. Instalado en París a principios de 1792, escribió violentos artículos contra Luis XVI y apologías de la Revolución en varios periódicos, especialmente en el *Moniteur,* que más tarde se publicaron en un volumen titulado *Lettres aux souverains sur la Révolution Française (Cartas a los soberanos sobre la Revolución Francesa).*

Bailly concedió a Gorani el título de ciudadano francés en reconocimiento a los servicios que había prestado a la causa de la libertad. Sin embargo, tras el 9 Thermidor, Gorani consideró más prudente abandonar Francia. Pero el archiduque Fernando lo exilió y lo despojó de sus bienes "por haberse portado mal en

---

[208] Aulard: *Histoire politique de la Révolution Française*, pp. 86 ss, 135 ss. Aulard: *Paris sous la réaction Thermidorienne.* Aulard: *Études sur la Révolution* (serie 3e).

París"; se refugió entonces en Ginebra y nunca más se supo de él.

Gorani disfrutó de una satisfacción rara vez concedida a los literatos: cuando se corrió la voz de su muerte en 1804, pudo leer su oración fúnebre y algunos obituarios elogiando sus obras. Murió sólo quince años después.

F. Ch. Laukhard, hijo de un pastor alemán, sucesivamente profesor en la Universidad de Halle y soldado, abandonó el ejército alemán para alistarse en el ejército revolucionario. En Lyon, su batallón formó la escolta de honor cerca de la guillotina. Detenido durante el Terror, liberado el 9 de Thermidor, Laukhard regresó a Alemania y se alistó en el ejército de emigración para ganar diez luises, luego desertó inmediatamente para volver a ser profesor. Murió alcohólico.

El italiano Buonarotti tuvo problemas con la policía de su país y se instaló en Córcega en 1789. Fue expulsado por sus escritos revolucionarios. Regresó en 1792 como comisario del poder ejecutivo en el tribunal de Corte; la comuna de Tolón le concedió un certificado de buena ciudadanía. Excelente músico, afirmaba descender de Miguel Ángel; probablemente fue la masonería la que le lanzó a los círculos revolucionarios. Miembro del club jacobino, fue uno de los invitados más frecuentes de Robespierre, que le nombró comisario de la Convención para los ejércitos italianos en 1794.

Buonarotti fue detenido con Babeuf, a pesar de la protección de Carnot, y deportado a la isla Pelée, cerca de Cherburgo, luego a Oléron y finalmente a Elba. En 1806 obtuvo permiso para instalarse en Ginebra bajo vigilancia policial; allí, con el hermano de Marat, fundó una logia masónica, los *Amis sincères,* afiliada a los Filadelfos. Después de 1815, fundó el grupo *Sublimes Maîtres Parfaits.* Expulsado de Ginebra en 1823, fue a predicar el socialismo en Bruselas.

Después de 1830, Buonarotti regresó a Francia y participó activamente en la agitación revolucionaria. M. Mathiez le considera uno de los fundadores del partido socialista en Francia[209].

Cérutti, originario de Turín, era un gran amigo de Mirabeau. Trabajó con Rabaud St Etienne en la *Feuille villageoise*. Hizo lo suficiente por la causa revolucionaria como para que la calle que hoy se llama rue Laffitte lleve su nombre. Cérutti no debía ser muy sanguinario, a juzgar por sus obras: *Poëme sur le jeu des échecs, Apologie de l'Ordre des Jésuites, Oraison funèbre de Mirabeau*, etc...

El venezolano Miranda debió su rápido ascenso en el ejército francés al comienzo de la Revolución a la protección británica: así lo admitieron Pétion y Brissot.

Tenía opiniones muy avanzadas: fue él quien denunció a su general en jefe, Dumouriez, ante la Convención. Su actitud en Neerwinde pareció sospechosa a varios oficiales y fue calificada de traición[210] sin ninguna prueba. Robespierre declaró en abril de 1793: "Stengel, un aristócrata alemán, y Miranda, un aventurero español empleado por Pitt, nos traicionaron al mismo tiempo en Aix-la-Chapelle y Maastricht. Sin embargo, Miranda fue absuelto y coronado de flores. Poco después fue detenido de nuevo como amigo de los girondinos. Liberado el 9 de Thermidor, fue proscrito el 18 de Fructidor y se refugió en Inglaterra. Algún tiempo después Miranda se encuentra en París; fue detenido con ocasión del atentado de la máquina infernal. En cuanto fue puesto en libertad, creyó prudente instalarse en América. Al regresar a París en virtud del Consulado, fue

---

[209] A. Mathiez: *Études Robespierristes*, t. I. Robiquet: *Buonarotti*. Hamel: *Histoire de Robespierre*, p. 298 y ss.

[210] *Mémoires de Thibaudeau*, t. I, p. 14. Véase también de Pradt: *Histoire de la Belgique*.

expulsado por la policía como agente de Pitt. En América, fundó una logia masónica donde este ministro transmitió sus consejos a través de Miranda.

Salicetti le denunció como agente de Inglaterra; según la duquesa de Abrantès, Napoleón Ier le creía espía tanto de España como de Inglaterra[211].

Miranda murió en la cárcel de Cádiz en 1816[212].

Frédéric Gentz, autor de panfletos revolucionarios, había puesto su pluma al servicio, bastante bien remunerado, de Prusia, Inglaterra y Austria. A los sesenta años se enamoró perdidamente de Fanny Essler, y su pasión por la famosa artista le valió a Gentz cierta notoriedad[213].

Rebmann, periodista alemán afiliado a los Illuminati, se instaló en París al comienzo de la Revolución y se incorporó a la judicatura.

¿Podemos contar a Lebrun Tondu entre los extranjeros? Es discutible. Los diccionarios nos dicen que Lebrun, estadista francés, nació en Noyon. Sin embargo, todos los extranjeros que participaron en la Revolución suelen ser calificados de estadistas franceses. No es posible encontrar ningún rastro de la familia de Lebrun en Noyon, y algunos de sus contemporáneos dicen que era de Lieja[214]. Fue a su vez clérigo, soldado, desertor, impresor, tutor en Bélgica, matemático y periodista. Los Girondinos consideraron que el ejercicio de tantas profesiones diferentes era una buena preparación para una carrera de ministro; le confiaron

---

[211] *Mémoires de la Duchesse d'Abrantès*, t. I, p. 290.

[212] O'Kelly de Galway: *Miranda*.

[213] André Beaunier: *Rostros de mujer*.

[214] Sybel: *Historia de Europa*, p. 445, t. I.

la cartera de Asuntos Exteriores, y luego el Ministerio de la Guerra.

Cuando vivía en Lieja, Lebrun Tondu, que se había iniciado con éxito en el periodismo, entabló conversaciones con el gobierno austriaco, que le ofreció contratarle a cambio de cien pistolas al año. Pero Lebrun se negó noblemente a vender su pluma por menos de cien luises al año[215]. Una vez en el poder se mostró más bien moderado, conspirando con Dumouriez e intentando salvar a Luis XVI. ¿Fue por esta razón por la que fue guillotinado en diciembre de 1793, o por haber dado instrucciones a Desfieux para que interceptara los despachos jacobinos[216]. La historia no lo dice.

¿Puede considerarse también francés a Hassenfratz, descrito como químico alemán por varios autores [217] ? Uno de los miembros más violentos de la Comuna, Hassenfratz fue primero empleado de Pache, ministro de la Guerra; antes había quebrado bajo otro nombre. Nombrado proveedor de los ejércitos, pudo así restablecer sus finanzas.

Hassenfratz dirigió el *Journal des Sciences;* bajo el Imperio se convirtió en profesor de la Escuela Politécnica.

J. Conrad de Cock, redactor del *Sans-culotte Batave*, tiene dos lugares de residencia, sin contar Holanda; en Passy es un aristócrata y da cenas en las que se bebe vino ofrecido, según dicen, por el gobierno inglés. En el centro de París fue revolucionario y miembro de la sección de Hébert. Guillotinado durante el Terror, dejó un hijo más famoso que él, Paul de Cock, que afirma haber salvado a su madre, a la edad de diez meses,

---

[215] *Correspondencia de W. A. Miles*, p. 34.

[216] Véase más arriba, página 100.

[217] Entre otros, Reichardt: *Un Prussien en France*, p. 190.

sonriendo a Fouquier Tinville[218]. Pero Paul de Cock tenía una imaginación desbordante.

Westermann afirmó que Conrad de Cock y sus amigos habían sacrificado 420.000 libras por la causa de la libertad.

El zapatero alemán Wilcheritz, amigo de Robespierre, fue administrador de la prisión de Luxemburgo; perpetuamente borracho, fue guillotinado después del 9 Thermidor.

En 1789, fue otro alemán quien presidió el saqueo del Ayuntamiento de Estrasburgo[219]: Chrétien Vollmar, hijo del cochero del Elector de Maguncia, fue el primero en saltar a la ciudadela conquistada por el motín. Uno de sus conciudadanos, apellidado Weber, era depositario de panfletos sediciosos y ayudaba a difundirlos; la policía se incautó de un gran número de ellos en su domicilio el 8 de enero de 1790.

Pío, napolitano y antiguo encargado de negocios del rey de las Dos Sicilias, colaboró en el *Journal de la Montagne y* fue contratado en el *Hôtel de Ville* como "commissaire pour les papiers des émigrés". Posteriormente dirigió la oficina de pasaportes, un puesto muy lucrativo durante el periodo de proscripción. Por último, se incorporó al Ministerio de Asuntos Exteriores. Pio fue miembro del Club des Bons Enfants. Según Nicolas de Bonneville, recibió dinero de cortes extranjeras e inspiró los artículos de Marat y los discursos de Robespierre[220].

Un holandés, el pastor Maron, amigo de Ronsin, dedicó el templo protestante de París a su país.

El belga Gœmars denuncia a los monárquicos ante el Comité

---

[218] Leroux Cesbron: *Gens et choses d'autrefois.*

[219] *Revue historique.* Diciembre de 1915 (Artículo del Sr. R. Reuss).

[220] A. Mathiez: *La Révolution et les étrangers*, página 134.

de Seguridad General.

El estadounidense Smith fue enviado a Basilea por el Comité de Salut Public en misión financiera.

Su conciudadano Oswald abandonó a su joven esposa al comienzo de la Revolución para luchar en Francia bajo la bandera de la libertad, y escribió numerosos panfletos revolucionarios en verso y prosa. Fue nombrado coronel de artillería y, por recomendación de Paine, recibió una misión secreta en Irlanda[221]. Oswald fue uno de los fundadores del *Chronique du Mois*, periódico girondino. Durante una estancia en la India, se convirtió al budismo; daba cenas vegetarianas que asombraban a los parisinos.

El alemán Creutz, más conocido como Curtius, había fundado un museo de figuras de cera, muy popular entre la sociedad elegante. Curtius fue uno de los vencedores de la Bastilla.

El alcalde Fleuriol era de Bruselas. J.-Ch-F. Hoffmann, nacido en Kosteim, cerca de Maguncia, llegó a teniente coronel de nuestra guardia nacional. El suizo P.-E.-J. de Rivaz también fue teniente coronel. El genovés F.-I. Sauter fue nombrado general en 1793[222].

El silesiano E. Oelsner, confidente de Sieyès y vinculado a los dirigentes de la Asamblea Constituyente, fue corresponsal de la *Minerva* de Archenholz[223]. Su amigo Halem, de origen alemán, se instaló en Francia en 1790 y asistió a las reuniones de los jacobinos y del Círculo Social. Su conciudadano, el profesor I.-H. Campe, se trasladó a París después del Catorce de Julio,

---

[221] *Archivos de Asuntos Exteriores*. Londres, V. 587.

[222] G. Dumont: *Batallones de voluntarios nacionales en 1791*.

[223] *Annales révolutionnaires*. Abril de 1918. Albert Mathiez: *Peregrinos hacia la libertad*.

renunciando a su cargo de director del Philanthropinum de Dessau, famoso establecimiento educativo. Se llevó consigo a su alumno Guillermo de Humbolt y escribió entusiastas panegíricos sobre la Revolución Francesa.

El suizo Devalot donó 6.000 libras al movimiento revolucionario. Los notables de Génova ofrecen 900.000 libras a la Asamblea Constituyente.

Mientras el poeta inglés Wordsworth frecuentaba los clubes, su compatriota Astley instaló un anfiteatro ecuestre en el Boulevard du Temple. El baile de las Chaumières pertenecía al inglés Tinkson.

El compositor Reichardt, director de la Ópera de Berlín, vino a París en 1791 y 1792 y expresó su admiración por el movimiento revolucionario.

El bávaro Merck, teniente del ejército austriaco, se alistó en el ejército francés en noviembre de 1792. El estadounidense J.-K. Eustace luchó en las guerras de Vendée y obtuvo el grado de mariscal de campo. El español Marchena colaboró con Marat, conspiró con Miranda y luego se pasó al bando monárquico, tras haber trabajado en la propaganda girondina con su compatriota Hevia, antiguo secretario de embajada.

El príncipe Stroganof trabajó para la revolución bajo el nombre de Otcher. Secretario del Club de *los Amigos del Derecho*, asistía a las reuniones de los jacobinos[224].

Jaubert, oficial belga al servicio de Austria, se une a la policía revolucionaria. Entre otros, denuncia a su compatriota belga, el banquero Herries, empleado de Pitt en París. Afirma que registrando también a Walkiers y Langendongue, banqueros en

---

[224] A. Mathiez: *La Révolution et les étrangers*, p. 28.

Bruselas, sería fácil probar sus relaciones con el gobierno inglés.

Los alemanes Cotta, Dorsch, G. Kerner, Wedekind, etc., se reunieron en la calle de la Jussienne, bajo la presidencia del explorador G. Forster, para discutir de política. El genovés Grenus, amigo de Proly, mantenía correspondencia con los agentes del gobierno austriaco. El conde Poroni, que había venido de Italia para hacer propaganda revolucionaria en París, fue denunciado ante la Convención como agente extranjero; luego desapareció repentinamente y regresó a su país.

Su conciudadano Marino, policía de la Comuna, estaba "movido por una verdadera sed de sangre[225] ". Fue detenido al mismo tiempo que Hébert y Dobsen.

¿Es casualidad que tantos extranjeros se hayan reunido en París para cambiar la forma de gobierno francés? ¿O no hay un plan hábilmente organizado por un poder oculto? Mercenarios oscuros maniobran a las órdenes de jefes inteligentes. Recordemos el protagonismo del batallón marsellés en el asalto a las Tullerías. ¿Estaba formado, como escribe M. Aulard, por jóvenes de buena familia? A juzgar por su actitud y sus acciones, esto es bastante improbable. Taine, Blanc Gilly, L. Lautard, etc., afirman que este batallón contaba con 516 aventureros seleccionados uno a uno, españoles, italianos, levantinos, cuyo alcalde, Mouraille, estaba encantado de aliviar la carga en las calles de Marsella. Al mismo tiempo, Peyron fue a Ginebra para reclutar a los doce terroristas más famosos de esa república y llevarlos a París[226]. Una vez terminado su trabajo, el 10 de agosto, quisieron enviar a estos terribles soldados a la frontera, pero declararon que preferían volver a Marsella. Ante este coraje, el Consejo de Ministros votó felicitarles por su patriotismo y

---

[225] A. Schmidt: *París durante la Revolución*, según los informes de la policía secreta.

[226] General Danican: *Los bandidos desenmascarados*.

valentía (reunión del 14 de septiembre de 1792).

En la guerra de Vendée, los ejércitos republicanos contaban con un gran número de "belgas, batavos, negros y aventureros expulsados de sus países por crímenes[227]. En Nantes, en 1793, la tropa conocida como los Húsares Americanos estaba formada por negros y mulatos. Les daban mujeres para disparar y las utilizaban para su propio placer. En la Vendée, la legión alemana fusilaba a las mujeres en grupos de veinticinco y las remataba con las culatas de los fusiles[228]. Para semejante tarea, el gobierno de la República temía no encontrar franceses.

En Quiberon, según las memorias secretas de Allonville, los soldados republicanos se negaron a fusilar a los prisioneros desarmados a los que habían prometido la vida. Así que llamaron a los belgas[229].

¿No es consolador para los franceses de todos los partidos poder culpar a los extranjeros de la mayoría de los crímenes que deshonran a la Revolución?

Varios policías fueron empleados como "ovejas", es decir, actuaban como agentes provocadores en las cárceles, haciendo que los presos chismorrearan y luego los denunciaban. Este trabajo solía encomendarse a extranjeros[230].

No sólo ocupaban las tribunas de nuestras asambleas, sino que se mezclaban con los diputados, de modo que uno se preguntaba si no estaban votando al mismo tiempo que ellos. Cuando Malouet propuso una vez que las deliberaciones importantes se

---

[227] *Mémoires de Puisaye*, p. 411.

[228] Taine: *La Révolution Française*, vol. III, p. 376 y ss.

[229] L. Gastinne: *La belle Tallien*.

[230] *Mémoires de Mlle de Coigny* (introducción).

celebraran a puerta cerrada, Volney replicó:

"Los extranjeros tienen derecho a verlo y oírlo todo para que puedan evaluar si nos mantenemos fieles a nuestro mandato".

A finales de septiembre de 1790, se ordena a los extranjeros que se retiren de la Asamblea, pero encuentran la manera de no obedecer siempre.

El propio gobierno fue invadido por extranjeros. Mientras el Terror era organizado en París por el suizo Marat, en Lyon por el italiano Châlier y en Estrasburgo por el alemán Schneider, los suizos ocuparon el Ministerio de la Guerra, el Ayuntamiento de París y el Ministerio de Hacienda. Una vez en el poder, Pache creó el departamento de compras, responsable de todos los suministros militares; los directores eran el suizo Bidermann y Marx Beer, hijo de un judío muy conocido por sus estafas. Los agentes eran Simon Pick y Mosselniann (de Bruselas), Perlan y Carpentier (de Ostende), y los hermanos Cerf Beer. Este fue el comienzo de la desorganización del ejército. Como algunos críticos han cuestionado las pruebas que he dado de esta desorganización (en la historia del general Dumouriez), les remito al reciente volumen de M. A. Chuquet sobre Dumouriez[231].

El suizo Castella trabajaba entonces en las oficinas del Ministerio de la Guerra; su compatriota Niquille era empleado del Comité de Seguridad General.

El ministro de Asuntos Exteriores decía ser francés, pero muchos le acusaban de ser belga; en cualquier caso, entre nuestros diplomáticos en 1794 se encontraban el espía inglés Baldwin, el estafador italiano Rotondo, el prusiano Forster, los suizos Jeanneret y Schweitzer, el inglés Thomas Christie, el

---

[231] A. Chuquet: *Dumouriez*, páginas 150 y siguientes.

belga Dubuisson, el americano Oswald, el alemán Reinhard, el suizo J.-I. Clavière (ginebrino), hermano del ministro de Finanzas, el prusiano Cloots y el austriaco Proly. El belga Robert habría tenido, sin las protestas de Dumouriez, la embajada de Viena o de Petersburgo. Pereira recibió en Brumaire año II, una misión del ministerio de Asuntos Exteriores en el Norte de Francia.

El genovés Bidermann era tesorero del Ministerio de Asuntos Exteriores. Afortunadamente, el introductor de los embajadores fue un francés, Pigeot, antiguo notario condenado anteriormente a veinte años de trabajos forzados.

Los revolucionarios extranjeros estaban tan a gusto en París que habían llegado a creerse franceses. Marat le dijo una vez al general Ward: "Los franceses están locos por dejar que los extranjeros vivan en sus casas; deberíamos cortarles las orejas, dejarles sangrar unos días y luego cortarles la cabeza[232]. El general Ward señaló entonces tímidamente que el propio Marat era extranjero.

La mayoría de los políticos franceses estaban vinculados al sindicato cosmopolita que dirigía los acontecimientos. Así, Chabot era una marioneta cuyos hilos manejaban los espías Emmanuel y Junius Frey. Brissot, que debía dinero a todo el mundo en Londres, escribía para el *Courrier de l'Europe,* propiedad del inglés Swinton. Rewbel es el hombre de negocios de dos príncipes alemanes. La amante de Basire era Mme d'Aelders, agente secreta del gobierno prusiano. Noël, amigo de Danton e inspector general de Instrucción Pública, es yerno de un banquero belga. Drouin es agente del príncipe de Wittemberg. Hérault de Séchelles fue amante de la hermana de un oficial austriaco y traicionó los secretos del Comité de Seguridad

---

[232] Conway: *Paine* (*Rabbe* 1900), p. 277.

Pública a Austria[233]. Westermann, expulsado dos veces de París por robo, habría sido comprado por el gobierno prusiano[234]. Soulavie, un agente diplomático en Suiza, escribió a Robespierre que "un muy buen patriota informa de que Kellermann ha sido vendido al emperador[235] ".

Rabaut St-Etienne admitió que los jacobinos estaban bajo influencia extranjera. Escribió en la época de la masacre del Campo de Marte: "No podemos ocultar que se esparció dinero y que la influencia sediciosa procedía del exterior[236].

Robespierre acusó a Lebrun Tondu de estar vendido a Austria, mientras que Brissot lo estaba a Inglaterra. Pero el Comité de Seguridad Pública acusaba a tanta gente que a veces se equivocaba. Así encontramos una declaración en la que se afirmaba que Hoche era un traidor. Esta denuncia fue firmada por Collot d'Herbois, Robespierre, Carnot, Billaud-Varenne y Barère.

Los Annales révolutionnaires de julio de 1914 informaron de una acusación, acompañada de detalles precisos, contra el Convencional Antoine Guerber; Gugenthal, antiguo oficial prusiano que se había pasado al servicio de Francia, afirmó que Guerber enviaba cartas al profesor Weber en Estrasburgo destinadas a los generales Wurmser y Kalgstein; los prusianos y austriacos se mantenían así informados de todo lo que ocurría en la Convención. Vadier, Presidente de la Convención y del

---

[233] *Notas de Robespierre para el informe de St-Just. Hamel: Robespierre,* t. III, p. 453.

[234] L. Madelin: *La Révolution.* Véase la sesión de la Convención del 23 de diciembre de 1792. Biré: *Journal d'un bourgeois de Paris,* t. II, p. 126.

[235] *Papiers de Robespierre.* Buchez et Roux, t. XXXV, p. 383.

[236] *Correspondencia de Rabaut St-Étienne. Revolución Francesa,* tomo XXXV. Carta del 17 de julio de 1791. A. Mathiez: *La Révolution et les étrangers,* p. 121.

Comité de Seguridad General, declaró que Fabre d'Églantine era el principal agente de Pitt[237].

Volveremos sobre este punto más adelante.

---

[237] A. Tournier: *Vadier, Presidente del Comité de Seguridad General*, p. 110.

CAPÍTULO VII

AUSTRIA

En 1789, Francia y Austria eran aliadas, pero mientras las familias reinantes mantenían relaciones amistosas, los estadistas austriacos eran antifranceses. Francia, en el "ocaso de la monarquía", era un obstáculo para los planes de casi todas las potencias, y en particular para la partición de Polonia. Kaunitz, que odiaba a nuestro país, fue, según Gustave Bord, el promotor de la alianza porque "esperaba beneficiar sólo a Austria". Su sucesor Thugut sentía un odio ciego hacia Francia[238].

La muerte de José II aflojó los lazos entre las dos monarquías. Mercy Argenteau escribió a Kaunitz a[239]: "El nuevo monarca y la reina apenas se conocen, y siempre se han mostrado poca afición el uno por el otro". María Antonieta no había visto a su hermano desde los diez años.

En 1789, Austria parecía completamente ajena al movimiento revolucionario; el único austriaco que tomó parte activa en los acontecimientos fue el hijo natural de Kaunitz, el conde Proly (o Prohli)[240]. Los Frey eran más israelitas que austriacos, y su papel

---

[238] G. Bord: *Autour du Temple*, t. I, p. 134 y ss.

[239] 10 de marzo de 1790.

[240] Su nombre a veces se escribe Proli.

podría explicarse por la masonería. Sin embargo, está más o menos probado que eran espías al servicio de Austria; probablemente también fueron sobornados por Prusia[241].

Al principio de los disturbios, fomentados por Inglaterra y Prusia, como demostraremos más adelante, la política austriaca difícilmente podría haber sido revolucionaria. Mercy Argenteau estaba indignada por la campaña contra María Antonieta. Es imposible", escribió, "precisar las causas del frenesí que se ha apoderado de las mentes de la gente contra la Reina. Los absurdos que se le atribuyen y que repugnan al sentido común no pueden ser la única razón. Debe haber alguna cábala secreta detrás.

Mercy Argenteau no tardó en señalar al Emperador que Francia, preocupada por sus disensiones internas, no podría intervenir durante mucho tiempo en los asuntos europeos. El gobierno austriaco seguía siendo aliado de Luis XVI únicamente para tener vía libre en Polonia y Turquía. Se decía en Viena que si el Emperador seguía su inclinación, "suministraría diez mil hombres a un ejército democrático y otros tantos a un ejército aristocrático[242].

Pero en 1792, la alianza se rompió y se declaró la guerra. A partir de entonces, Austria quiso salvar a la familia real y, sobre todo, sofocar el fervor revolucionario que podía extenderse a los países vecinos. Mercy, que siempre había sido amigo de Francia, elaboró un proyecto de desmembramiento en el que la parte de Austria sería la siguiente: Los Países Bajos se extenderían hasta el Somme. Desde el nacimiento de este río, la frontera se uniría al Mosa en Sedan o Mézières. Alsacia y Lorena volverían al Imperio. Francia quedaría "reducida a la impotencia para el resto

---

[241] Vizconde de Bonald, F. Chabot: *Archives nationales*, F. 7, 4637.

[242] *Archivos de Asuntos Exteriores*, Viena, v. 362.

de los siglos"[243].

El agravamiento de nuestros desórdenes sirvió así a los planes del gabinete de Viena y les favoreció, aunque con menos actividad que a Prusia e Inglaterra.

El papel de Proly, hijo natural de Kaunitz[244], sigue siendo bastante enigmático: ¿Por qué se instaló en París, como tantos extranjeros en 1789, y se asoció con los principales jacobinos[245]? Alojado inicialmente con la familia Frey, Proly se introdujo en los comités, colaboró con Barère y Hérault de Séchelles, y dio su opinión en los despachos del ministro de Asuntos Exteriores[246]. Asesoró a Lebrun Tondu y éste le confió diversas misiones diplomáticas. Fundó unos cincuenta clubes populares. Robespierre dijo en el Club de los Jacobinos (noviembre de 1793): "El objetivo de Proly es trastornarlo todo y perder a los jacobinos. Es inexpugnable, al igual que sus principales cómplices, que son sobre todo los banqueros ingleses, prusianos y austriacos".

Tras realizar algunas especulaciones exitosas en la Bolsa, Proly llevó una vida feliz. Tras la muerte de Luis XVI, se pasó a los contrarrevolucionarios. Un compañero de placer, el conde de Champgrand, le presentó a Jean de Batz, y Proly se unió a la banda del famoso conspirador. Simuló entonces un comercio de cuadros con Champgrand. Sin embargo, en marzo de 1793, justo cuando Dumouriez empezaba a amenazar a la Convención, Proly fue enviado con Pereyra y Dubuisson para pedir cuentas al general por su actitud. Marat declaró que se había hecho

---

[243] *Correspondencia de Mercy Argenteau, publicada por Flammermont. Cartas a Thugut*, 15 de junio y 12 de julio de 1793.

[244] Su madre era prima hermana de Anarchasis Cloots.

[245] Después fundó un periódico, Le *Cosmopolite*.

[246] Buchez et Roux: *Histoire parlementaire*, t. XXXI, p. 375 y ss. Avenel: *Anarchasis Cloots*.

merecedor de su país. Pero el 9 de Nivôse an II, Proly fue detenido. Esquivo en casa, pasaba las tardes jugando en casa de Mme de Ste-Amaranthe.

"El registro más exacto se llevó a cabo en esta casa, dicen los agentes del Comité de Seguridad Pública; no encontramos nada relevante para nuestra misión. La ciudadana Ste-Amaranthe declaró que no conocía a Proly ni directa ni indirectamente[247] ". Los sellos se colocan en el piso de la rue des Fille St-Thomas, prestado o alquilado por Desfieux a Proly. El 18 de Nivôse, el comité de vigilancia vota 200 livres para cubrir los gastos ocasionados por la búsqueda del cómplice de Batz. Tras una larga persecución, dos miembros del comité de búsqueda entraron el 30 de Pluviôse en el berge au du Petit-Cerf, en Vandereau (Seine-et-Oise), para refrescarse y descubrieron a Proly disfrazado de cocinero. El hijo de Kaunitz fue inmediatamente detenido y conducido a la prisión de La Force. Hérault de Séchelles exigió con lágrimas en los ojos la libertad de su cómplice; de hecho, Proly, que, según se dice, había sido informado por Hérault de Séchelles de todo lo que ocurría en el Comité de Seguridad Pública[248] , transmitió la noticia al gobierno austriaco.

Su intervención fracasó, pero Collot d'Herbais fue más hábil y consiguió la liberación de Proly, Desfieux y Rutledge, agentes de Inglaterra (octubre de 1793)[249]. Detenido por segunda vez unos meses más tarde, Proly fue condenado a muerte el 24 de marzo de 1794.

Los archivos nacionales han conservado cuidadosamente los resguardos que establecen las especulaciones de Proly sobre acciones en el Mar Rojo, la Compagnie des Indes, etc., pero no

---

[247] *Archivos nacionales,* F. 7, 2774.

[248] Hamel: *Histoire de Robespierre*, p. 453.

[249] A. Mathiez: *¿Era Hérault de Séchelles un dantonista* (*Annales révolutionnaires*, julio de 1914).

hay rastro de su correspondencia política.

Las conversaciones del gobierno austriaco con Dumouriez durante la campaña belga son bien conocidas. La corte vienesa entabló más tarde negociaciones secretas con Robespierre a través de Montgaillard. Los papeles de Barthélemy dan fe de ello, pero no revelan ningún detalle[250]. En cuanto a las memorias de Montgaillard, son un tanto sospechosas, ya que a veces distorsionan la verdad. Pero hay razones para creer que Mongaillard era el representante de Robespierre cuando fue recibido por Francisco II en abril de 1794. M. Cl. de Lacroix[251] observó que "se necesitaban motivos muy poderosos para determinar al emperador a recibir a una persona cuyo rango y orígenes debían parecerle sospechosos". Fue por la misma época cuando los Incorruptibles entraron en contacto con los emisarios de Luis XVIII[252]. Tal vez exista un vínculo entre estas diversas negociaciones.

Tras la muerte de Luis XVI, Austria hizo causa común con Europa en la lucha contra la Revolución. Las confidencias de Hirsinger y la correspondencia de Jeanneret, el agente diplomático en Suiza, aportan la prueba de que el gabinete de Viena contaba en Francia con "hombres tan hábiles que se cree que son los republicanos más celosos". Exageración tras exageración conducirán al objetivo de destruir la Convención por el pueblo y por sí misma dividiéndola. Los constitucionalistas fueron destruidos por los girondinos, y luego los girondinos fueron llevados a la ruina. Para derribar a este partido y al de Orleans, el gabinete de Viena hizo los sacrificios más

---

[250] *Carta de Barthélemy a Buchot,* 30 de agosto de 1794.

[251] *Recuerdos* del *Conde de Montgaillard* publicados por Cl. de LACROIX.

[252] *Revue de la Révolution.* 1888, p. 194. Artículo de M. G. BORD.

asombrosos"[253].

Esta es exactamente la táctica utilizada por Jean de Batz.

El ministro Thugut declaró: "Lo esencial es que en Francia haya partidos que luchen y se debiliten mutuamente"[254].

En resumen, Austria no debe contarse entre los autores ocultos de la Revolución Francesa, sino que trabaja activamente para la contrarrevolución. Sin embargo, sorprende su indiferencia hacia los desgraciados prisioneros del Temple.[255]

---

[253] *Papeles de Barthélemy. Carta de Jeanneret a Deforgues.* 19 de febrero de 1794.

[254] Sorel, vol. III, p. 329.

[255] Véase a este respecto: Ménard: *Histoire du Directoire* y Comte d'Hérisson: *Autour d'une Révolution.*

CAPÍTULO VIII

PRUSIA

Los franceses se han engañado a menudo sobre los sentimientos de Europa hacia ellos: se creían admirados y amados cuando no eran más que envidiados. El encaprichamiento de nuestros filósofos con Prusia en el siglo XVIIIᵉ es el resultado de una de estas ilusiones. Federico II les halagaba porque estaban preparando la Revolución que Europa deseaba.

La alianza entre las dos grandes naciones católicas disgustó a las potencias protestantes. Prusia quería expandirse en Alemania y tramaba repartirse Polonia, protegida por Francia. Al intervenir en nuestros asuntos, Prusia tenía quizá un tercer objetivo: sustituir a Luis XVI por el duque de Brunswick.

El gabinete de Berlín decidió que la manera más fácil de enemistar a Francia con Austria era despertar a la opinión pública de París contra María Antonieta. Este papel fue confiado al judío Ephraim, del que hablaremos un poco más adelante. Como observó el marqués de Moustiers, detrás de Ephraim estaba el embajador Von der Goltz, a quien Mirabeau describió como "astuto, astuto, muy personal y codicioso; el dinero era su pasión dominante".

Varios años antes de la Revolución, Vergennes ya había advertido a Luis XVI de que el barón de Goltz era el jefe del espionaje prusiano. Encargado por su soberano de desmantelar la casa de Luis XVI, Goltz había intentado sin éxito proporcionar al rey una amante[256]. Al fracasar en esta negociación, alimentó la opinión pública contra María Antonieta, subvencionó periódicos revolucionarios en París y distribuyó dinero entre los políticos franceses[257].

La masonería había preparado el terreno para aceptar la influencia alemana. En 1789, el movimiento estaba bien encauzado y los ánimos de la población estaban caldeados contra los "austriacos". Al día siguiente de la toma de la Bastilla por bandas en su mayoría alemanas, Von der Goltz consideraba el 14 de julio como una victoria de Prusia[258]. De vez en cuando, en Berlín, leía en los periódicos artículos pagados por él que apoyaban las nuevas ideas y demostraban que "Prusia, gracias a su generosa diplomacia, puede ser considerada la mejor protectora de la Revolución"[259]. Camille Desmoulins, en su historia de los Brissotinos, afirmaba que la derecha de la Convención estaba dirigida por un comité anglo-prusiano. Señaló la siguiente declaración de Phélippeaux: "Los gastos del rey de Prusia el año pasado (1792), cuentan seis millones de ecus para corrupciones en Francia"[260].

Barère también dijo a la Convención: "El movimiento que nos amenaza pertenece a Londres, Madrid y Berlín"[261].

Sólo dos desempeñaron un papel importante, Ephraim y

---

[256] P. d'ESTRÉE: *El gran maestro del espionaje. (Nouvelle Revue,* 15 de febrero de 1918).

[257] *Archivos nacionales,* A. F" 45.

[258] *Correspondencia de Von der Goltz,* publicada por Flammermont, p. 130.

[259] Véase el artículo del Sr. G. Gautherot en el *Universo del* 4 de noviembre de 1913.

[260] Buchez y Roux. *Historia parlamentaria,* t. XXVI, p. 289.

[261] Id. t. XXVII. Sesión del 31 de mayo.

Anacharsis Cloots, que afirmó estar alejado de su país.

Efraín centralizó toda la conspiración contra María Antonieta; lanzó los primeros panfletos contra ella, después de haber colaborado con éxito en el asunto del collar. Agente de los Francmasones de la Rosa Cruz, había sido introducido en el mundo político francés por el embajador Von der Goltz, que le presentó a los Constitucionalistas y luego a los Girondinos. Poco a poco, Éphraïm se hizo amigo de Marat, St-Huruge, Carra, Rotondo y Gorsas; frecuentaba los clubs y era extremadamente violento. El marqués de Moustiers, embajador en Berlín, escribió: "No hay nada que Éphraïm no diga contra la Reina; estoy bastante seguro de que reparte dinero y sé que recibe sumas considerables de los banqueros".

Fersen escribió a Gustavo III: "No hace mucho que Ephraim recibió 600.000 libras, que proporciona para la propaganda revolucionaria"[262]. En París era bien sabido que Ephraim era un agente secreto del gobierno de Berlín, ya que la correspondencia diplomática informaba al embajador francés de que "Madame Ephraim le facilitará los medios para ver a Bischofswerder e incluso al rey de Prusia[263].

En 1790, el gabinete de Berlín quedó tan satisfecho con los servicios de Efraín que lo nombró miembro de la embajada con la aparente misión de ocuparse de los asuntos comerciales. El hábil israelita no tardó en escribir a Berlín: "Los primeros miembros de la Asamblea Nacional están tan inclinados hacia la amistad prusiana que se podría pedir cualquier cosa en este momento". Poco después añadía: "El Club Jacobino está completamente entregado a Prusia"[264].

---

[262] Véase G. Bord. *La conspiration révolutionnaire de 1789*, p. 191.

[263] *Archivos de Asuntos Exteriores.* Berlín, 1790.

[264] Correspondencia con Von der Goltz, p. 133.

¿La explicación de esta gran simpatía se encuentra en la carta en la que Éphraïm habla de las sumas enviadas por el gobierno prusiano a Choderlos de Laclos, mano derecha de Philippe Égalité? Merece la pena citar los principales pasajes de esta carta, que prueba: I° que los dirigentes de la Revolución fueron sobornados por el rey de Prusia; 2° que al exigir reformas se esperaba que Luis XVI las rechazara, agravando así la efervescencia revolucionaria.

Efraín a Laclos, 22 de abril de 1791[265]:

"Me han dicho que estás desesperado porque has perdido tu última aventura. Creo que sí, nos costó mucho dinero, y en estos tiempos no se puede escatimar demasiado. Tales son, al menos, las intenciones de mi señor el rey Federico Guillermo...

Había contado con que el Rey no despediría de repente a los sacerdotes de su capilla y que, al hacerlo, aún encontraríamos alguna forma de que la gente le gritara. En absoluto, los destituye, y nosotros seguimos siendo los incautos. Este hombre es inexpugnable; le ataques por donde le ataques, te desarma de repente. ¿Quién habría calculado encontrar en el trono a un hombre que sacrifica todos sus placeres personales a la tranquilidad de su pueblo?

Los decretos aún dejaban a algunos caballeros de la cámara. Ya habíamos dispuesto causar otro buen alboroto. Pensé que podríamos tener éxito con eso; él anticipó el golpe, envió a sus caballeros lejos y nos dejó cortos con todos nuestros planes.

Nuestra situación fue brillante durante unas horas, incluso pensé que tu amable jefe sustituiría a su primo; pero ahora mis esperanzas ya no son las mismas... Lo único que me gusta es que

---

[265] *Bibliothèque nationale*, L. b. 39, 9888.

hemos perdido a Lafayette en este choque, y eso ya es mucho.

Nuestros 500.000 francos se consumen más o menos inútilmente, eso es lo que me parece más lamentable; no dispondremos de tales sumas todos los días y el rey de Prusia se cansará de proporcionarnos el dinero... Debemos armarnos de valor, esperar lo que hayan hecho los correos que hemos enviado a todos los departamentos. Si, por el contrario, no han conseguido nada, creo que tendremos que abandonar la partida...

P.D. He oído que los Guardias no quieren dejar marchar a su general. Este golpe es devastador... Date prisa en reunir al consejo y hazme saber qué hora es.

No fue hasta enero de 1791 cuando el gobierno francés pareció preocuparse por las actividades de Efraín. Una carta, escrita íntegramente de puño y letra del Sr. de Montmorin, encarga al marqués de Moustiers que investigue en Berlín a este inquietante israelita que "parece haber sido enviado aquí para intrigar de la manera más criminal... Me han contado cosas sobre él que no me permito relatar porque son demasiado atroces... Este intrigante ha buscado hacerse amigo de personas cuyo ardor por la Revolución les hace más proclives a escucharle. Su objetivo era comprometernos con el Emperador; pensó que excitando los ánimos contra la Reina podría conseguirlo más fácilmente"[266].

A Moustier no se le ocurrió nada mejor para esta investigación que ir a interrogar a la Sra. Ephraim, lo que a primera vista parece bastante ingenuo. Reconoce (10 de febrero de 1791) que no consiguió hacerla hablar. Sin embargo, en la conversación le dijo que si Bischofswerder estaba lejos, no sabría a quién entregar las cartas de su marido al rey de Prusia.

En respuesta a nuevas quejas del Sr. de Montmorin, el

---

[266] *Archivos de Asuntos Exteriores*. Berlín, c. 212.

marqués de Moustiers contesta el 28 de febrero: "Éphraïm tiene aquí fama de intrigante siempre dispuesto a ser repudiado". Finalmente, el 13 de abril, escribió: "No puedo evitar la sospecha de que la corte prusiana lleva mucho tiempo intentando crear problemas entre nosotros...".

Sé, por confesión de su esposa, que Efraín se ha jactado de prestar grandes servicios al rey; que en varias ocasiones ha temido correr grandes riesgos...

Si nos inclináramos a creer en el mal basándonos en las apariencias, podríamos creer que está autorizado a actuar como lo hace...".

Desgraciadamente, el entorno de Luis XVI no creía fácilmente en el mal, ni tampoco sus funcionarios. Por ello, Moutiers concluyó rechazando la idea de que Efraín hubiera actuado por orden de su gobierno[267]. Propuso entonces un acercamiento franco-prusiano, con el fin de desbaratar las pérfidas maniobras de Inglaterra[268]. Esta vez lo vio claro, sospechando que Inglaterra dirigía los acontecimientos.

Para entonces, la corte francesa estaba tan desarmada que María Antonieta pidió a Blumendorf que Kaunitz se pusiera en contacto con el rey de Prusia para detener las maquinaciones de Efraín. Así leemos en la correspondencia diplomática de Moustiers (26 de mayo)

"El conde de Goltz le habrá dicho a Efraín que sea más circunspecto...". Un poco más adelante, el embajador añade: "El rey está cada vez más bajo la influencia de los Illuminati...".

Efraín fue el instrumento más activo de la alianza de los

---

[267] *Archivos de Asuntos Exteriores*. Berlín, c. 212.

[268] *Idem.*

girondinos con Bischofswerder, consejero del rey de Prusia[269]. Realizó una hábil propaganda con Gensonné, Pétion y sus amigos[270].

Detenido tras los disturbios del Campo de Marte, Efraín es liberado dos días más tarde a petición del embajador prusiano. Lo curioso es que la corte de Viena se declara dispuesta a apoyar esta petición si fuera necesario. El marqués de Noailles observa que "se trata de una de las cosas más insólitas del momento"[271]. Además, tras el arresto de Luis XVI en Varennes, el gobierno austriaco, dando por perdida la monarquía francesa, comienza a acercarse a Prusia.

Moustiers escribió el 30 de julio: "Se ordenará al conde de Goltz que exija la liberación de Ephraim y lo desautorice formalmente como agente revocado. Se me ha pedido que le informe de ello".

El comité de investigación declara haber realizado una verificación exacta de los papeles de Efraín, "sin incluir, no obstante, los documentos relativos a su correspondencia con Su Majestad el Rey de Prusia, que se conservaban en una cartera privada".

Así que un agente extranjero fomentando problemas en París es arrestado, ¡y su correspondencia con el gobierno prusiano ni siquiera es examinada! Esto es bastante extraordinario. O bien está amparado por la inmunidad diplomática, y entonces ¿cómo permaneció en prisión del 28 al 30 de julio?[272] O bien se le considera un espía, y entonces ¿por qué se respeta su

---

[269] P. Masson. *Le département des Affaires étrangères pendant la Révolution*, p. 102.

[270] L. Kahn *Los judíos de París*.

[271] *Archivos de Asuntos Exteriores*, Viena, v. 362, 6 de agosto de 1791.

[272] Según algunos autores, es del XVIII al XX.

correspondencia política, acaso porque comprometería a demasiada gente?

A pesar de esta debilidad, los revolucionarios culparon a Montmorin de haberse atrevido a arrestar al judío Ephraim y, en opinión del P. Masson, ésta fue una de las principales causas de la muerte del desafortunado ministro. Masson, ésta fue una de las principales causas de la muerte del desafortunado ministro[273].

Al dar a los amigos de Philippe Égalité la esperanza de un cambio de dinastía, Éphraïm tuvo que reírse de su credulidad. En realidad, si preparaba una candidatura, era la del duque de Brunswick. El proyecto de colocar a este príncipe en el trono de Francia no era sólo una broma de Carra, como algunos autores han parecido creer. Los inicios de las negociaciones se encuentran en los archivos de Asuntos Exteriores. El grupo francés a sueldo de Prusia era lo suficientemente poderoso como para haber hecho un acercamiento oficial a Brunswick ya en enero de 1792. Era prematuro ofrecerle la corona, por lo que se le ofreció el título de Generalísimo de los ejércitos franceses. Habría restablecido el orden, concedido todas las reformas exigidas por el partido revolucionario y, el día de la destitución de Luis XVI, habría estado dispuesto a ocupar su puesto. Por ello, el ministro Narbona, sin conocimiento de Luis XVI, envió al joven Custine al duque de Brunswick, uno de los líderes de la masonería prusiana. El rey se indignó cuando le informaron de ello, pero desde el regreso de Varennes estaba completamente desarmado. Custine desvió la conversación hacia "la importancia del papel que podría desempeñar un hombre de gran carácter que, sabiendo mantener el orden dentro de Francia y el respeto fuera, se convirtiera en el apoyo de una revolución que ya no presentaría más que ventajas, en el ídolo de los franceses, en el benefactor de la posteridad...".

---

[273] Fr. MASSON. *Le département des Affaires étrangères pendant la Révolution*, p. 222.

Tras obtener la palabra de honor del duque de que lo que iba a decirle quedaría sepultado en un silencio eterno, "Si la nación francesa -continuó Custine- declarase por medio de sus representantes que en la crisis con la que se ve amenazada, sólo un hombre es, en virtud de su gloria pasada y del poder de su genio y de sus talentos, capaz de cumplir estos elevados destinos... y si este gran hombre fuese usted, Monseigneur, ¿qué nos diría?

Profundamente conmovido por estas palabras, vi que el duque de Brunswick también lo estaba.

Reconozco -dijo- la grandeza de semejante idea... Pero, ¿qué hombre será tan presuntuoso como para atreverse a creer que tiene la fuerza necesaria? Luego añadió que no sabía lo suficiente sobre Francia... Le di la carta de M. de Narbonne. Le conmovió mucho, pero me hizo preguntas sobre el ejército y nuevas objeciones sobre la dificultad del éxito: "Pensarías mal de mí si tomara una decisión sin pensarlo bien"[274].

Al día siguiente, Brunswick respondió que veía demasiadas dificultades en el partido que se le proponía: la opinión pública, demasiado voluble en Francia, la incompatibilidad de su posición personal y familiar con la oferta que se le hacía, etc... Custine insistió sin éxito: "Este delicado tacto, este profundo conocimiento de los hombres y de los franceses, todos estos matices que poseéis y que son necesarios para dirigirlos, me prueban que es verdaderamente en Francia donde estáis llamado por la naturaleza a venir a buscar la gloria inmortal".

A pesar de la falta de entusiasmo de este pretendiente, su candidatura no fue descartada. La semana anterior a la insurrección del 10 de agosto, a propuesta de Manuel y Thuriot, el comité secreto de los jacobinos aprobó la sustitución de Luis

---

[274] *Archivos de Asuntos Exteriores.* Berlín, c. 213.

XVI por el duque de York, el duque de Brunswick o el duque de Orleans[275]. Como el trono quedó vacante después del 10 de agosto, la candidatura del príncipe prusiano fue presentada oficialmente por Carra y sus amigos, ya no como Generalísimo, sino como Rey de Francia. Carra, que en una ocasión había sido condenado a prisión por robo, gozaba de bastante buena reputación en el mundo revolucionario; seis departamentos habían competido por el honor de enviarle a la Convención.

Sieyès y Talleyrand se unieron a esta propuesta[276]; pero Robespierre y Billaut Varenne se apresuraron a denunciar ante la Comuna de París el complot en favor de Brunswick "a quien un partido poderoso quiere llevar al trono"[277]. Acusaron a Condorcet de ser cómplice de Carra, así como a Vergniaud, Brissot, Lasource, Ducos y Guadet. Como también había otros dos candidatos, el duque de York y el duque de Orleans, fue imposible llegar a un acuerdo.

La guerra había comenzado, y Brunswick había lanzado su famoso manifiesto, que ha sido presentado como una insignificante metedura de pata por parte de los emigrados. Por el contrario, ¿no fue una maquiavélica estratagema de Prusia para exasperar a la opinión de París y consumar la ruptura entre Luis XVI y los revolucionarios?

En la acusación contra Brissot y Gensonné leemos una frase muy cierta: "Nada es tan estúpido como los que creen o quieren hacer creer que los prusianos quieren destruir a los jacobinos"[278].

Una vez iniciadas las hostilidades, Brunswick perdonó a los

---

[275] G. Bord. *Autour du Temple,* I, p. 533.

[276] LEBON. *Inglaterra y la emigración* (Introducción).

[277] AULARD. *Historia política de* la *Revolución Francesa.*

[278] *Archivos nacionales,* A. F. 11 45. *Informe de Carra.*

franceses y no dejó de negociar con los emisarios jacobinos. En el momento de la batalla de Valmy, podría haber aplastado al ejército de Dumouriez, tan superado en número; le dio tiempo para recibir refuerzos y suministros. Tras la batalla, que no fue muy mortífera, Dumouriez recibió órdenes formales de no perturbar la retirada de los prusianos[279].

La falta de entusiasmo suscitada en Francia por la candidatura de Brunswick parecía haber abandonado por completo el proyecto de Carra. Además, este Príncipe recelaba de las turbulencias de sus futuros súbditos y la suerte de Luis XVI le había dado que pensar. Se pensó entonces en el príncipe Luis de Prusia, que siempre había simpatizado con Francia. Sandoz, ministro de Prusia en París, escribió en 1799: "Ste-Foy, confidente de Talleyrand, me dijo lo siguiente: El retorno de la paz podría depender de la restauración de una monarquía constitucional... Las autoridades y la parte sana de la nación no se decidirían por un Borbón. Votarían más bien por el príncipe Luis, hijo del príncipe Fernando"[280].

He aquí la explicación de Albert Vandal sobre este plan de sustituir a los Borbones por una dinastía prusiana: "Algunos de los altos revolucionarios imaginaron que entregándose a un alumno del gran Federico, a un príncipe filósofo, la Revolución lograría el más ventajoso de los fines...".

Algunos pensaban en un protector y pensaban hacer reinar a Brunswick, al que primero se le daría un título republicano"[281].

El resultado imprevisto de lo que Paul Bourget llamó "la

---

[279] El jefe de las fuerzas prusianas y los jacobinos", dijo Oscar HAVARD, "se pusieron de acuerdo para ofrecer a Francia y a Europa un simulacro de batalla".

[280] LEBON. *Inglaterra y la emigración.* Prefacio, p. 27.

[281] *L'avènement de Bonaparte,* t. I, p. 118 y ss.

derrota de la ilusión democrática".[282]

Es imposible rastrear el origen de un tercer candidato prusiano, el del príncipe Enrique, pero sin duda se habló de él antes que del príncipe Luis, ya que la emperatriz Catalina de Rusia escribió a Grimm el 11 de junio de 1795: "Hay gente que afirma que es al príncipe Enrique de Prusia a quien los regicidas pretenden dar como regente a Luis XVII cuando lo restablezcan. Si es así, apuesto a que dentro de seis meses su Alteza Real será guillotinada"[283].

Uno se pregunta por qué un fino diplomático como Talleyrand fue capaz de unirse a esta campaña de vulgares jacobinos, a quienes Ernest Renan describió como "los hombres ignorantes y de mente estrecha que tomaron el destino de Francia en sus propias manos"[284]. ¿Podía creer en la solidez de una dinastía prusiana en nuestro país? ¿O acaso la explicación hay que buscarla en el despiadado retrato que Mirabeau hace de Talleyrand: "Un hombre vil, codicioso, ruin e intrigante. Necesita barro y dinero. Por dinero, vendería su alma, y haría bien, pues cambiaría su estiércol por oro"[285].

Es de suponer que la campaña a favor de Brunswick fue bien pagada a Carra y sus amigos; sería difícil explicarlo de otro modo.

En cuanto a Sieyès, recibió el retrato del rey de Prusia, estimado en la cifra bastante exagerada de 100.000 ecus[286].

---

[282] P. BOURGET. *Testimonio de experiencia.*

[283] Ch. De Larivière. *Catalina II y la Revolución Francesa*, p. 175.

[284] P. Lasserre. *Ernest Renan.*

[285] Barthou: *Mirabeau*, p. 157.

[286] Buchez y Roux. *Historia parlamentaria,* t. XXXVIII, p. 105.

Mallet du Pan cita a Sieyès sobre estas negociaciones: "Francia necesita un cambio de religión y de dinastía"[287].

No hay que olvidar que la Logia Templaria Reformada de Estricta Observancia de Alemania, a la que pertenecían la mayoría de los parlamentarios franceses, tenía como Gran Maestre al duque Fernando de Brunswick. Además, el rito escocés tomó la iniciativa en Berlín. Esto explica por qué la candidatura del príncipe prusiano fue tomada en serio.

Uno de los conciudadanos de Efraín también desempeñó un papel importante en la Revolución Francesa, el barón Anacharsis Cloots, a quien los suburbios insistían en llamar Canard six. Judío prusiano con más de cien mil libras de patrimonio, Cloots era muy conocido en el mundo político y hoy sería considerado uno de los "Tout Paris des premières".

Empezó viajando para aprender. En Londres entabló amistad con Burke, y en Holanda con Castriotti, que se hacía llamar Príncipe de Albania. De pronto descubrió que Castriotti era un simple jefe de bandoleros, condenado a muerte en rebeldía en su propio país. Tras haber estado a punto de ir a la cárcel con su amigo, Cloots dejó de trabajar en la cuestión oriental y llegó a París en 1784. Comenzó a pronunciar discursos revolucionarios. Era prematuro, ya que la revuelta aún no se había preparado, por lo que el teniente de policía Lenoir le pidió amablemente que regresara a Prusia.

Sin embargo, cuando se abrieron los Estados Generales, Anacharsis Cloots, como todos los extranjeros, se instaló en París. Francmasón militante, fue uno de los promotores del movimiento anticatólico. No podía hablar de un sacerdote sin entrar inmediatamente en cólera[288]. Tratado por Marat y Camille

---

[287] Lady Blennerhasset. *Mme de Staël y su época*, p. 105.

[288] Louis BLANC. *La Révolution Française*, t. IX, p. 474.

Desmoulins como un soplón de Berlín[289] , adquirió sin embargo rápidamente una gran influencia gracias a sus ingresos de cien mil libras. Cloots participó activamente en los preparativos del 10 de agosto, pero, como hombre prudente, tuvo cuidado de no exponerse a los golpes. Su panegirista, Avenel, cuenta que "arrojó a sus dos criados sans-culotte a la riada insurreccional. En cuanto a él, corrió a la Asamblea para estar a sólo dos pasos de la fiesta, tal vez incluso para respirar el olor de la pólvora y recibir el bautismo de fuego en caso de que una bala de cañón perdida atravesara la bóveda de la sala".

Tras aspirar desde lejos el olor de la pólvora, abandonó la Asamblea al mismo tiempo que Luis XVI y montó guardia en el patio del Manège para impedir que el rey fuera liberado.

La noche siguiente, Cloots regresó a la Asamblea, rodeado de federados prusianos, entre ellos el coronel Guerresheim, y pronunció un discurso patriótico que se ordenó enviar a los 83 departamentos y al ejército.

Con esta hoja de servicios, no es de extrañar que Cloots fuera nombrado diputado por los departamentos de Oise y Saône-et-Loire.

Ya había sido puesto al frente de los comités diplomático y de guerra[290]. Se convirtió en presidente del Club Jacobino en el mismo momento en que acababa de publicarse el decreto contra los extranjeros. Antes había escrito a Dumouriez: "Aplasta a los enemigos de fuera mientras yo aplasto a los de dentro"[291].

Cenando en casa de Roland en el momento de las masacres

---

[289] Avenel. *Anacharsis Cloots*, Cap. I.

[290] *Archives nationales*, A. D. XVIII, 17.

[291] *Id.* en F. 7, 4649.

de septiembre, aprobó la "venganza popular"[292]. Mme Roland observó que aburría a más de un oyente con sus discursos, pero no mencionó ninguna protesta.

Es difícil decir si Anacharsis Cloots era un agente directo del gobierno prusiano, o simplemente un colaborador del sindicato oculto que dirigía nuestra Revolución. Afirmaba estar alejado de su país, pero mantenía correspondencia con el duque de Brunswick[293].

No sabemos si estaba loco o sólo posaba por originalidad.

Uno de los organizadores de la fiesta de la diosa Razón en Notre-Dame, fue una noche con Pereyra a despertar al obispo Gobel para convencerle de que abjurara. Llamándose a sí mismo "el orador del género humano", Cloots disfrazó un día a vagabundos de turcos, indios, persas, etc., y los llevó a la Convención para exigir una república universal. Todos conocemos la elocuente conclusión de su famoso discurso: "Mi corazón es francés y mi alma es una sans-culotte".

Cloots había encontrado una forma de detener la invasión de 1792: propuso que el ejército francés, enfrentado a prusianos y austriacos, "avanzara hacia ellos con paso de baile expresando amistad"[294]. Desgraciadamente, los generales se opusieron a este intento.

Cloots, Paine y Robert, los tres extranjeros, fueron los primeros en hablar de república, cuando ningún francés había siquiera pensado en ella. Ya el 21 de abril de 1792, el orador de la humanidad se presentó ante la Asamblea y ensalzó esta forma

---

[292] De la Gorce: *Histoire religieuse de la Révolution.*

[293] *Archivos nacionales*, F. 7, 4438.

[294] T. De WYZEWA: *Excentriques et aventuriers*, p. 165.

de gobierno.

Anacharsis Cloots trabajó activamente para que Luis XVI fuera condenado a muerte. Después del 21 de enero, escribió a un amigo: "Me gustaría lavarme las manos, bautizadas en la sangre de Luis XVI, en la sangre del último tirano"[295].

Desgraciadamente, durante el Terror, la popularidad de Anacharsis Cloots fue demolida por Robespierre, que desconfiaba, según él, de un sans-culotte con cien mil libras de ingresos. Habiendo dejado escapar estas palabras: "mi discípulo Robespierre olvida las lecciones de su maestro", atrajo el siguiente apóstrofe: "Cloots te pasas la vida con los agentes y los espías de las potencias extranjeras." Brissot, después de haber sido su amigo, ya había escrito en el *Patriote Français:* Mucha malicia, un rumbo variable, una meta desconocida, eso es Cloots[296].

En una ocasión se atrevió a mostrar su independencia de la masonería oponiéndose a la propuesta de reservar todos los cargos públicos únicamente a los masones[297].

Cloots afirma haber luchado en el comité diplomático "contra la facción inglesa que allí predominaba". Sin embargo, fue detenido como cómplice de Pitt, junto con Hébert, Ronsin, Chabot, Fabre -d'Églantine, Momoro, Chaumette y Gobel[298]. Se afirmaba que planeaban dar la dictadura al alcalde de París, Pache.

Los sellos fueron colocados en Cloots's, los papeles

---

[295] Richter: *Cloots.* Esta obra, publicada en Berlín, aún no ha sido traducida.

[296] *Archives nationales*, A. D. XVIII I 17.

[297] F. Caussy: *Choderlos de Laclos*, p. 158.

[298] L. Madelin: *La Revolución Francesa.*

sospechosos fueron apartados; las actas enumeran todo su vestuario: doce pares de zapatillas, una placa para la barba, siete botones de traje, un par de botones de manga, etc.[299]. Ni una palabra sobre su correspondencia con Prusia e Inglaterra. Eso sí que sería interesante.

Cloots fue condenado y guillotinado.

Otros prusianos desempeñaron un papel más discreto en el periodo revolucionario. Pastor Bitaubé, nacido en Kœnigsberg, era un escritor de talento. Su traducción *de Homero,* varios poemas y obras diversas le llevaron a la Academia de Berlín. Méhul puso música a su poema Joseph.

Uno se pregunta por qué Bitaubé se encontraba en París al comienzo de la Revolución, miembro del club jacobino, viviendo en el entorno de Cerutti y Ximénes, invitando a menudo a Robespierre a cenar.

El general Thiébault solía sentarse a su mesa los jueves por la noche con Chamfort y Hélène Williams, una inglesa entusiasta de la Revolución.

Mientras los literatos franceses estaban proscritos [300] , se propuso a la Convención votar una pensión para Bitaubé. Kéralio le escribe: "Brissot, Carra y todos tus amigos de la Convención

---

[299] *Archivos nacionales*, F. 7, 2507, y F. 7, 4649.

[300] Louis Blanc atribuyó a la. Révolution la gloria de haber fundado el Institut, conviene recordar la creación de cinco academias por Luis XIV: la Académie Française, la Académie des inscriptions et belles-lettres, la Académie des sciences, la Académie de peinture et de sculpture y la Académie d'architecture. Todas fueron abolidas por la ley de 8 de agosto de 1793, que Michelet y L. Blanc ignoran. Casi todos los académicos fueron proscritos. Véase BIRÉ: *Légendes révolutionnaires.*

deben alzar la voz para apoyar este acto de justicia"[301].

Bitaubé fue detenido durante el Terror y liberado el 9 de Thermidor. Poco se sabe de su papel político, pero sin duda colaboraría con sus amigos jacobinos. Una misteriosa carta enviada desde Londres vía Frankfurt el 24 de mayo de 1793 parece estar relacionada con actividades revolucionarias y expresa la esperanza de que Bitaubé entienda las abreviaturas. Otros documentos que le conciernen han desaparecido de los archivos.

En el año VI, Bitaubé se convirtió en Presidente del Instituto.

La baronesa d'Aelders, hija de un posadero de Groninga, fue agente secreta del gobierno prusiano. En los últimos años del reinado de Luis XVI, fundó en París un club de mujeres revolucionarias, *"les amies de la vérité"*. Protegida por Condorcet, Mme d'Aelders se alió con Basire, el diputado de Dijon. Este jacobino era bastante humano: protestó contra las masacres de septiembre y retrasó el juicio de los girondinos después de haberlos acusado. Como "no sabía negar nada a las mujeres"[302], es probable que fuera Mme d'Aelders quien le empujara a atacar al rey, a la corte, a Lafayette, etc.

Detenida tras los disturbios del Campo de Marte, Mme d'Aelders fue liberada poco después, gracias a la influencia de las altas esferas. Fue encarcelada de nuevo el 5 de Messidor del año II, y se colocaron precintos en el entresuelo donde vivía, en el número 11 de la calle Favart. El Comité de Seguridad General dio la orden de extraer la correspondencia sospechosa de sus papeles; los comisarios declararon que habían metido dichos papeles "en una funda de sillón que hemos rajado, y hemos puesto el sello de nuestro comité en ambos extremos y hemos

---

[301] *Archivos nacionales*, F. 7, 4601.

[302] *Gran enciclopedia*. Artículo de M. AULARD sobre Basire.

hecho llevar todo a nuestro comité"[303].

Por desgracia, estos papeles han desaparecido, al igual que todos los de los agentes extranjeros.

G. Forster, hijo de un pastor de Danzig, acompañó a Cook por todo el mundo, fue a su vez alquimista, profesor de la Universidad de Vilna y bibliotecario de la Universidad de Maguncia. Francmasón rosacruz, miembro del club jacobino de Maguncia tras la conquista de esa ciudad y apasionado admirador de la Revolución Francesa, Forster mantenía una correspondencia regular con Lebrun-Tondu y algunos de nuestros políticos. El 5 de junio de 1792 anunció el próximo derrocamiento de la realeza. En 1793, se instala en París, interviene en la Convención, cena con Merlin de Thionville, Théroigne de Méricour, Lecouteulx de Canteleu, Rewbell, Lecointre y otros.

Fue nombrado Comisario del Consejo Ejecutivo en junio de 1793, y el Ministerio de Asuntos Exteriores le confió dos misiones, a Flandes y al Franco Condado[304].

Amigo de Thomas Paine y de Miss Williams, se convirtió en contrarrevolucionario tras el Terror, como su compatriota Adam Lux, quien, tras unirse al movimiento jacobino, defendió a Charlotte Corday y fue condenado a muerte por ello.

Schlabrendorf, nacido en Silesia, estaba tan absorbido por la Revolución que durante varios años olvidó dar aviso de la casa que había alquilado en Londres antes de trasladarse a París. Hombre muy adinerado, durante el periodo revolucionario vivió en un modesto piso donde agasajaba a un gran número de amigos.

---

[303] *Archivos nacionales*, F. 7, 4659.

[304] Chuquet: *Études d'Histoire*, serie 1ère, p. 234.

Siguió conspirando bajo el Consulado sin que se hablara mucho de él.

El doctor J. Eric-Bolmann (Hannoveriano) se instaló en París con un tío, súbdito inglés. Cuenta que fue empujado contra su voluntad, a golpe de picas, en medio de la insurrección del 10 de agosto. Asqueado de París, se marchó, salvando Narbona con pasaporte inglés, a petición de Mme de Staël[305].

Otros son Trenck, que sacrificó su fortuna por "la satisfacción de vivir en el país de la libertad"[306], el sastre Nestch, que formó parte de un complot para asesinar a Lafayette, el rabino Hourwitz, amigo de Fauchet y Clavière, Aelsner, Campe, Huber, Ancillon, Archenholz, Goy y Eschim Portaek, miembro del Club Jacobino.

En resumen, el papel de Prusia fue especialmente importante al principio de la Revolución. Tras el derrocamiento de la monarquía francesa, el gabinete de Berlín se entregó al gobierno inglés.

Parece que estas dos potencias combinaron sus esfuerzos contra Luis XVI. En el momento del cambio de ministerio, el 12 de julio de 1789, el embajador inglés en Francia, habiendo enviado inmediatamente una carta a su gobierno, se apresuró a enviar otra al rey de Prusia. En cuanto llegó esta carta, "se convocó un Comité Extraordinario; el príncipe Henri no fue llamado... La Corte desearía que los problemas en Francia fueran más graves y duraran siempre"[307].

El motivo de la exclusión del príncipe Enrique de Prusia fue su simpatía por Francia, señalada por todos los que entraron en

---

[305] LADY BLENNERHASSET: Mme *de Staël et son temps,* vol. II, p. 158 ss.

[306] Avenel: *Anarchasis Cloots,* p. 182 y ss.

[307] *Archivos de Asuntos Exteriores.* Correspondencia de Berlín, julio de 1789.

contacto con él.

Cuando se habló de poner al duque de Brunswick en el trono de Francia, el gobierno británico no se opuso; no creía en el éxito de la candidatura del duque de York. Brunswick, cuñado del rey de Inglaterra, estaba bajo su influencia. Ya en 1876, Mercy Argenteau señaló a Kaunitz las subvenciones pagadas a Brunswick por el gabinete de Londres, y en 1789, Moustiers declaró que el entorno del rey de Prusia se había vendido a Inglaterra.

Pero nuestros estadistas nunca se han tomado en serio los tratos secretos de los gobiernos extranjeros en París. Tenemos un ejemplo demasiado reciente para olvidarlo: sabemos con qué escepticismo fue recibido en 1914 el volumen de M. Léon Daudet "L'Avant-Guerre". Parece que la Revolución Francesa se preparó con la misma habilidad que la reciente invasión de los bárbaros del otro lado del Rin.

CAPÍTULO IX

AGENTES INGLESES

De los extranjeros que invadieron Francia en 1789 y colaboraron en la Revolución, los ingleses fueron, con mucho, los más numerosos; pero, salvo algunas excepciones, se disfrazaron con más habilidad que los demás.

Éstos son los principales:

Entre los revolucionarios cosmopolitas había un personaje bastante simpático, un filósofo caritativo entregado a sus amigos, Thomas Paine (o Payne), que tuvo el valor de pronunciarse en la Convención contra la muerte de Luis XVI.

Empleado del servicio de aduanas inglés, Paine fue despedido de su puesto; se estableció como comerciante de tabaco, luego como fabricante de corsés y más tarde como tendero. Como no veía venir la fortuna, se alistó en América y fue nombrado ayudante de campo del general Greene. Encargado de negociar un préstamo en París, recibió sustanciosas primas del gobierno americano. Aumentó entonces su fortuna construyendo puentes. De repente descubrió su vocación literaria y comenzó a escribir panfletos.

Llegado a París en 1787, Paine debía partir al año siguiente, pero, dice, "el deseo de contribuir con todo mi poder a la Revolución Francesa me hizo aplazar mi regreso... El plan que propuse para la gran obra sigue en manos de Barère[308] ". Así pues, en 1788, Paine sabía que la Revolución estaba a punto de estallar.

Es el autor de la Declaración de los Derechos del Hombre, así como del discurso atribuido al coronel du Châtelet que concluye que la monarquía debe ser abolida. Esta declaración, de la que nuestros demócratas están tan orgullosos, es por tanto obra de Inglaterra.

Junto con Pétion, Lafayette y Buzot, Paine funda un club que se reúne en casa de Condorcet y trabaja en el movimiento revolucionario.

En julio de 1791, Paine regresó a Londres porque Lafayette, al no tener que emplearle en París, le pidió que llevara la llave de la Bastilla a Franklin [309]. Pero fue mal recibido por sus conciudadanos a causa de sus opiniones republicanas, y regresó para instalarse definitivamente en París. Se le había preparado una entrada triunfal cuando desembarcó en Calais. Los soldados formaron un cerco a su paso; los oficiales le abrazaron y le condujeron al Hôtel de Ville, donde fue abrazado de nuevo por el Ayuntamiento.

Paine fue miembro del comité encargado de preparar la nueva Constitución. Nombrado miembro de la Convención por tres departamentos, Oise, Puy-de-Dôme y Pas-de-Calais, inspiró los artículos de Brissot. Mme Roland señaló a Bancal la formación de una Sociedad Republicana dirigida por Paine. Fue él", escribió en 1791, "quien proporcionó el material para el prospecto exhibido esta mañana por todas partes"[310].

---

[308] *Archivos nacionales*, F. 7, 2775.

[309] Carta de Gower a Grenville.

[310] Correspondencia de Mme Roland.

Uno de sus amigos, Wilkes, habiendo sido arrestado en París y condenado, tenía una razón urgente y misteriosa para regresar a Inglaterra por unos días; Paine obtuvo un salvoconducto para él, comprometiéndose a ocupar el lugar de Wilkes en prisión. Regresó y tuvo la suerte de escapar de la guillotina.

Mme Roland comparó la cara de Paine con una mora espolvoreada con harina. Como no sabía francés, sus amigos leían sus discursos a la Convención mientras Paine hacía los gestos. Se ve que las sesiones de la terrible asamblea no carecían de cierta alegría.

Paine vivía en un verdadero antro de la conspiración inglesa, el Hotel White, en el Passage des Petit-Pères. Allí estaban Stone, Smyth, E. Fitz-Gerald, Yorke, el capitán Monro y otros. Bebían tanto que Paine se hizo alcohólico.

Tras las masacres, que desaprobó, aconsejó juzgar a Luis XVI; convencido de que el rey iba a ser asesinado, pensó que así podría salvarlo. Deseaba el derrocamiento de la monarquía francesa, pero la crueldad le repugnaba. Al defender al soberano en la Convención, Thomas Paine explicó que debíamos mostrar compasión, porque sólo podíamos ver en este monarca a "un hombre mal educado como todos sus semejantes".

Es probable que la escasa educación de Luis XVI le impidiera dar las gracias a su defensor.

Tras oponerse a la pena de muerte, Paine propuso enviar a la familia real a América.

A partir de entonces, Robespierre le declaró sospechoso. Paine también se había enemistado con Marat al denunciar sus planes de dictadura ante el Club Jacobino. Por tanto, no escapó a la proscripción. En un principio, Paine se escondió bajo la protección de Samson, el ejecutor de las Altas Obras, pero este ingenioso escondite acabó siendo descubierto. Los policías encargados de arrestarlo cuentan que la búsqueda les había dejado el estómago hueco, así que empezaron por almorzar; luego, habiendo descubierto al inventor de la Declaración de los Derechos del Hombre, "no pudimos -dijeron- hacernos oír por ser americano; por lo que rogamos al principal inquilino de dicha casa que tuviera la amabilidad de servirnos de intérprete....". No queriendo dejar ninguna duda sobre nuestra conducta, pedimos que se abrieran todos los armarios"[311].

Pero, después de un examen escrupuloso, los papeles de Paine no parecían contener nada sospechoso; lo que no impidió que lo metieran en la prisión de Luxemburgo. Debía su vida a un azar afortunado, a no ser que ese azar hubiera contado con la ayuda del Sindicato Anglo-Prusiano, pues hay que tener en cuenta que los extranjeros siempre salen de la cárcel con más facilidad que los franceses. Todos los días, el carcelero del Luxemburgo marcaba con tiza las celdas de los prisioneros que iban a ser ejecutados al día siguiente. Paine estaba incluido en una lista de 160 condenados, pero la puerta de su celda estaba abierta porque tenía fiebre; la cruz blanca estaba marcada en el interior de la puerta. Cuando cerraron la celda por la noche, la cruz ya no era visible desde el exterior[312]. A la mañana siguiente, sólo se contaron 159 prisioneros en lugar de 160. Por tanto, Paine fue sustituido sin duda al azar por la primera persona que se presentó.

Tal vez sin sospechar el peligro del que había escapado, el prisionero escribió en todas direcciones para protestar contra su detención. Robespierre", dijo a la Convención, "era mi enemigo empedernido, como lo era de todos los hombres de virtud y humanidad". Finalmente, al cabo de ocho meses, Paine fue liberado gracias a varias intervenciones (13 Brumario, año III).

Tras esta alerta parece haber desempeñado un papel más

---

[311] *Archivos nacionales*, F. 7, 2775.

[312] Fortiolis: *Un Anglais membre de la Convention*, Revue hebdomadaire, 1914.

discreto. Dejó de acudir a la Convención, pero, según Bourdon, "intrigó con un antiguo agente extranjero, Louis Otto". No hay rastro de sus posteriores relaciones con el gobierno británico.

Bajo el Directorio, Paine no consiguió hacerse un nombre. En 1802 se marchó a América, secuestrando a la esposa de un periodista amigo suyo. Murió alcohólico en 1809.

Su conciudadano W. A. Miles, agente de Pitt, ejerció cierta influencia sobre nuestros ministros, como lo prueba esta carta de Lebrun-Tondu: "Me faltan dieciocho luises para el pago de una letra de cambio. ¿No podría añadir este nuevo beneficio a toda la gratitud que le debo?

El reverendo Ch. Miles, al publicar la correspondencia de su abuelo, se asombró de la desaparición de las cartas de W. A. Miles a Pitt de 1790 a 1793. "Debían de ser las más interesantes", observó. ¿No fue precisamente porque eran muy interesantes por lo que el gobierno inglés no quiso dejarlas en manos de los herederos de su agente?

Miles dice que fue enviado en secreto a París por la misma razón que su amigo Hugh Elliot.

Holland Rose, en el relato de Pitt, explica que su misión era "influir en los demócratas franceses".

En la época en que Pétion introdujo a Miles en el club jacobino, éste vivía en el 113 del Faubourg Saint-Honoré; estaba en contacto frecuente con Barnave, Mirabeau, Lafayette, Frochot, etcétera. Desgraciadamente, las cartas de Miles, que no contienen nada incriminatorio, son las únicas que se han publicado. En septiembre de 1790 anunció a Pitt que la monarquía pronto sería abolida en Francia. En aquella época, no había ni un solo diputado que no fuera monárquico ni un solo francés que se llamara republicano.

La correspondencia de Miles demuestra que tiene una mala idea de sus amigos los jacobinos: "Nada bueno puede esperarse de semejante asamblea de ladrones, asesinos, etc." (5 de enero de 1791). "Si atribuís la Revolución a un sentimiento virtuoso o a un esfuerzo valeroso, os equivocáis" (18 de marzo de 1791). Miles se quejó en esta época de que su correspondencia era interceptada, por lo que sus cartas se volvieron más banales[313].

En el siglo XIXe , varios bisnietos de Miles se hicieron franceses; el más conocido es el embajador Waddington.

Hugh Elliot, que trabajaba con Miles, era cuñado de lord Auckland. Antiguo alumno de Mirabeau en el internado de Choquart, recibió la responsabilidad especial de influir en el famoso orador a favor de Inglaterra[314].

Hugh Elliot escribió a Pitt el 26 de octubre de 1790: "No puedo confiar al papel el relato de mis conversaciones secretas con diversos personajes políticos. Pero tengo todas las razones para creer que, más que nadie, soy dueño de los acontecimientos"[315].

Hay indicios de que Mirabeau y otros no rechazaron el dinero inglés, pero Holland Rose añade: "Nuestros dos enviados fueron lo bastante discretos como para dar pocos detalles en sus cartas.

Dracke, espía inglés, asistió a las sesiones secretas del Comité de Salut Public y dio cuenta exacta de ellas a lord Grenville. El 2 de septiembre de 1792, le comunicó que esa noche se había designado a 2.250 sospechosos para su detención. Se había

---

[313] Miles actuó como intermediario entre Danton y el ministerio inglés, especialmente durante el proceso de Luis XVI.

[314] Pallain: *Misión de Talleyrand a Londres*, p. 234.

[315] Hollland Rose: *William Pitt*, p. 581. Esta obra aún no se ha traducido al francés.

decidido la muerte de María Antonieta y de los Brissotinos, y se habían entregado 500.000 francos a Pache para que fomentara un motín en los primeros días de septiembre[316].

El Sr. Aulard opina que Dracke sólo transmitía información relativa a la política exterior. Pero si se le confiaron los secretos de nuestra diplomacia, ¿por qué se le habrían ocultado los asuntos interiores? Billaud Varennes y Hérault de Séchelles se acusaron mutuamente de esta traición. Puede que ambos tuvieran razón, ya que Hérault de Séchelles se llevaba expedientes diplomáticos para comunicárselos al hijo del ministro austriaco Kaunitz; y Billaud Varennes enviaba en secreto a Venecia y España informes de lo que ocurría en los círculos gubernamentales. Sus nombres volvieron a mencionarse durante la toma de Tolón; se incautó correspondencia a un traidor que sólo podía ser uno de los miembros del Comité de Seguridad Pública[317].

Dracke no parece haber tenido problemas en su profesión durante todo el periodo revolucionario; sólo fue procesado en la época del complot de Georges Cadoudal, ya que era uno de sus auxiliares.

Los Girondinos se reunían los domingos por la tarde en el salón de Hélène Williams, amiga de Mme Roland. Fue una gran influencia para Bancal, Brissot, Achille du Châtelet, Miranda, Lasource, Sillery, Girey-Dupré y Rabaut Saint-Etienne. Mme Roland quiso casarla con Bancal, pero la joven inglesa prefirió a su conciudadano Stone, que la seguía a todas partes. No hemos podido averiguar si llevaron el espíritu revolucionario hasta la unión libre, o si Hélène Williams sólo permitió a Stone un amor platónico. Ella nunca llevó su apellido; se ha preguntado si

---

[316] *Comisión de manuscritos históricos* (Apéndice I). *Los manuscritos de J. B. Fortescue*, vol. II, p. 457.

[317] Mathiez: *Historia secreta del Comité de Salud Pública.*

estaban casados en secreto. Pero un informe de la policía al Comité Revolucionario afirma que la esposa de Stone posee una fortuna de 60.000 libras (más de 1.500.000 francos)[318]. Por tanto, es probable que Stone dejara a su esposa para seguir a Helene Williams, pero no se divorció de ella.

Detenida en octubre de 1793, y luego puesta en libertad, Hélène Williams se refugió en Suiza hasta el 9 de Thermidor. De vuelta a París con Stone, continuó sin duda desempeñando un papel político, ya que fue detenida de nuevo en 1802, tras un registro policial de su documentación.

Stone, uno de los vencedores de la Bastilla, era muy amigo de Brissot, Pétion y M. y Mme de Genlis. Cuando se marchó al extranjero, confió sus papeles a Stone, quien se los entregó a Hélène Williams. Al enterarse de que iban a registrar su domicilio, la joven inglesa quemó los papeles de Madame de Genlis.

Para justificar su presencia en París, Stone creó una imprenta. Cuando se sospechó de él por conspiración, afirmó estar completamente absorbido por sus negocios. Consiguió que le nombraran presidente del club "Amigos de los Derechos Humanos" y adquirir cierta influencia.

Lord Stanhope escribió a Grenville: "El Sr. Stone es un inglés que conoce bien a los ministros y a los principales hombres de Francia... Podrá convencerle de sus buenas intenciones.

Stone celebraba cenas con Milnes y R. Smith, agentes de Pitt. En una de sus orgías, un inglés, tras copiosas libaciones, propinó a Paine un puñetazo en la cara y luego huyó horrorizado de su

---

[318] *Archivos nacionales*, F. 7, 4778.

crimen. Pero al día siguiente se reconciliaron[319].

Stone testificó a favor de Miranda. Detenido dos veces y puesto en libertad, se refugió en Suiza, donde se reunió con Hélène Williams. Regresó con ella después del 9 Thermidor.

William Stone, hermano del anterior, procesado por conspiración en Inglaterra, luego absuelto, se había instalado en Villeneuve-Saint-Georges en 1789, con un compatriota, Parker. Los hermanos Stone afirman haber pagado 12.000 francos para escapar de Sillery, que Mme de Genlis se negó a reembolsar.

La correspondencia de Stone llegó de Inglaterra bajo la cobertura de Auguste Rose. Participó en los principales disturbios: en el volumen de Argel sobre el papel de los ingleses en la Revolución Francesa[320], Rose figura como uno de los diez "ujieres" de la Convención. El 9 de Thermidor, fue el encargado de conducir a Robespierre y a sus partidarios hasta el Comité de Seguridad Pública. Rose fue detenido por orden de la Comuna; empujó a sus guardias y escapó. Después intentó pasar desapercibido.

David Williams, que no estaba emparentado con Hélène Williams, trabajó con Roland y Brissot, que tradujeron su obra sobre la libertad. Naturalizado francés, declaró en noviembre de 1792 que se "rendía a los deseos de su nueva patria y contribuirá al edificio de felicidad y prosperidad que la Convención debe levantar"[321]. Sin embargo, Guillermo apreciaba a medias a sus amigos revolucionarios, pues escribió de los miembros de la Convención: "El descuido, la imprudencia y la suciedad no hacen loable a un legislador".

---

[319] *Archivos nacionales*, F. 7, 4778.

[320] *Ingleses en la revolución francesa* (Argel).

[321] *Archivos del Foreign Office*, Londres, v. 583.

Las cartas de Mme Roland demuestran que la campaña de los Girondinos en favor de la libertad de prensa fue dictada por Williams y el periodista inglés R. Pigott.

La Société des Amis des Noirs tenía como objetivo aparente la emancipación de los negros, y como objeto oculto la República Universal. Uno de sus principales fundadores fue Robert Pigott, cuáquero inglés y amigo de Roland y Lanthenas. Junto a él estaban Clarkson, colaborador de Mirabeau, y los nombres muy franceses de Wilberforce, Paine, Williams, Daer, hijo del conde de Selkirk, Sharp y Grenville[322]. Apoyada por Inglaterra, la Société des Amis des Noirs publicó *el Observateur,* periódico dirigido por Faydel, amigo de Laclos[323]. Pigott inventó el bonete rojo. El 10 de febrero de 1790, la Asamblea Nacional votó la impresión de uno de sus discursos.

Otros dos Pigott también trabajaron durante la Revolución: uno era magistrado de Shropshire; el otro, un panfletista, John Pigott, conocido a veces como Jean Picotte, fue detenido en 1793 y puesto en libertad al año siguiente.

¿Por qué Benjamin Vaughan vivía en Passy bajo el nombre de Jean Martin? ¿Por qué visitaba con frecuencia a Robespierre en secreto?[324] Hijo de un rico comerciante inglés, se había casado con la señorita Manning, miembro de la familia del cardenal, por lo que debía de tener una situación bastante buena en Londres, donde afirmaba tener problemas a causa de sus opiniones políticas. Tras pronunciar una serie de discursos en Nantes, Vaughan se unió a la Société des *Amis de la Révolution* en 1791. Aparte de Robespierre, sólo cuatro o cinco personas conocían la

---

[322] Entre ellos figura el banquero Kornmann, miembro de la Comuna y famoso por sus desgracias conyugales.

[323] DARD: *Choderlos de Laclos.*

[324] M. Mathiez (*Annales révolutionnaires de febrero de 1917*) niega la intimidad de Vaughan con Robespierre; pero Barère la afirma.

identidad de Vaughan (el obispo Grégoire, Hamilton Rowan, etc.). Detenido en 1794, el falso Jean Martin estuvo a punto de ser ejecutado como agente de Pitt. Pero al cabo de un mes de detención, obtuvo del Comité de Salut Public un pasaporte para Suiza.

El poeta Barlow se dedicó sobre todo a la propaganda revolucionaria en Saboya, mientras Alfieri cantaba el asalto a la Bastilla y Klopstock glorificaba la Revolución Francesa.

Durante el invierno de 1792, un barco inglés perteneciente a Martin Milleth desembarcó en el puerto de Boulogne. Al día siguiente, el capitán y toda la tripulación desaparecieron[325]. La policía los busca pero no encuentra nada. Nadie sabía qué había sido de ellos, salvo Pitt, que evidentemente les había dado a cada uno su propio trabajo.

Watt, hijo del famoso inventor, y su amigo el farmacéutico Th. Cooper, fueron los organizadores de una manifestación en honor de los soldados sublevados de Châteauvieux. Amigos de Marat, aprueban el 10 de agosto, donan 1.300 francos para las familias de los patriotas heridos durante la insurrección, pero se toman la libertad de criticar las masacres. Robespierre aprovecha para denunciarlos como agentes de Pitt. Watt huye a Italia y Cooper a América.

J. Oswald, panfletista y poeta, amigo de Brissot, fue uno de los fundadores de la *Chronique du mois*. En marzo de 1792, colocó pancartas en el Faubourg Saint-Antoine exigiendo la distribución de picas a todos los ciudadanos y la abolición de los ejércitos permanentes.

Encargado de organizar un regimiento de federados, Oswald fue enviado a la Vendée y asesinado en la primera batalla,

---

[325] *Archivos nacionales*, D. XXIX.

probablemente por sus propias tropas, porque se había hecho intolerable y sus soldados le odiaban.

La Luzerne, embajador en Londres, menciona a un agente de Pitt en París en el entorno del duque de Orleans: un hombre llamado Forth, que viajaba con frecuencia entre Francia e Inglaterra[326]. Tres miembros de la Comuna de París mantuvieron correspondencia con Choderlos de Laclos, confidente de Philippe Égalité, a través de Forth. Forth informaba fielmente a Pitt sobre las acciones del duque de Orleans. Sus colaboradores eran Smith, Clarke y Shee.

Mathews, agente secreto del gobierno británico, cambia de nombre cuando cae bajo sospecha en París. Se carteaba a menudo con nuestros políticos. Un día, el Comité de salut public pagó quince mil libras que Mathews debía a su hotelero[327]. Dada la situación de las finanzas francesas, esta generosidad parece extraordinaria.

El 7 de septiembre de 1793, Mathews pidió a Danton un pasaporte de seguridad porque estaba preocupado. Tenía razón, pues su arresto se había decidido el día anterior. Otto había corrido a avisarle, pero no le había visto. Por tanto, Mathews fue detenido y la policía selló una importante correspondencia con Danton, Hérault de Séchelles y otros. Una carta fechada el 19 de septiembre recuerda al ministro: "Usted me prometió que sería liberado inmediatamente". No sabemos si el ministro cumplió su promesa.

Fue en gran medida la influencia de Mathews la que llevó al alemán Reinhardt a nuestro Ministerio de Asuntos Exteriores, donde se convirtió en un hábil diplomático.

---

[326] *Archivos del Foreign Office*, Londres, v. 588.

[327] *Archives des Affaires étrangères*, Francia, c. 1408.

Los banqueros Boyd y Kerr habían conocido a los revolucionarios ginebrinos cuando los refugiados de 1782 recibieron un millón del gobierno inglés. En 1789 se trasladaron a París, primero a la rue d'Amboise y luego a la rue de Grammont, donde se involucraron en la política y tuvieron tratos comerciales con Philippe Égalité. Actuaron como intermediarios para pagar a algunos de los líderes de la Revolución Francesa; eran miembros del Club de Valois.

Como los sellos estaban colocados en el banco de la rue de Grammont, Boyd tuvo que pagar 200.000 libras para que se los quitaran; entonces juzgó prudente vender y refugiarse en Inglaterra. Pitt le confió entonces varias misiones secretas.

Tras la muerte de Luis XVI, Boyd y Kerr se unieron al complot de Jean de Batz, por lo que fueron condenados el 29 de Prairial del año II. Los informes del Comité de Salut Public afirmaban que Boyd y Kerr eran agentes directos de Pitt[328].

Frey y Chabot intentaron desprecintar sus papeles. Robespierre se opuso, pero Batz lo consiguió gracias a la mediación de Luillier, e hizo retirar todo lo relacionado con sus complots. Boyd estaba estrechamente emparentado con el miembro del Parlamento inglés que llevaba su nombre.

Ya hemos señalado que el Comité Revolucionario de la Comuna estaba formado casi en su totalidad por extranjeros: el suizo Pache, los italianos Pio y Dufourny, el español Guzmán, el inglés Arthur[329], etc. J.-J. Arthur aparece mencionado en los cuadernos de Robespierre entre los patriotas bastante hábiles. Debía de ser bastante rico, ya que era propietario de la casa situada frente al Pavillon de Hanovre, como demuestra un pleito

---

[328] *Archives nationales*, W. 389, n° 904.

[329] Arthur nació en París, de padre inglés (V. Mathiez, *La Révolution et les étrangers)*.

que entabló contra la familia Richelieu.

J.-J. Arthur tenía vínculos con Pache, Marat y la banda de Proly, Gusman, Frey, etc. Presidente de la Section des Piques, preparó el motín del Campo de Marte. Miembro del Comité Central de la Comuna de París, habló a menudo en el Club Jacobino; testificó contra Danton y Clavière, a petición de Robespierre; formó parte del comité designado para apoyar a los Incorruptibles contra la Convención. Es bien sabido que Robespierre nunca dejó de denunciar a la *facción extranjera. Sin embargo*, su Comité contaba con cinco extranjeros de un total de ocho miembros, y este detalle pone en duda la independencia de Robespierre.

Arturo fue guillotinado el 12 de Thermidor.

Dobsent (o Dobsen), presidente del Tribunal Revolucionario, también era de origen inglés. Fue él quien organizó la insurrección del 31 de mayo. Amigo de Lazowski y Desfieux, Dobsent frecuentaba la banda de Proly y Pereyra. La caída de los Girondinos se preparó en sus reuniones del Café Corazza[330]. Detenido primero con los Hébertistes, y de nuevo tras el motín del 1er de abril de 1795, Dobsent participó en las actividades jacobinas de 1799 y siempre consiguió escapar. Fue nombrado juez bajo el Imperio, aunque en su expediente se lee: "Talentos mediocres, por debajo del nivel de las funciones que tendría que desempeñar, etc."[331].

El conde Charles Stanhope, miembro de la Cámara de los Pares inglesa, fue cuñado de Pitt en su primer matrimonio y yerno de Grenville en el segundo. Tras pasar su juventud en Ginebra, donde conoció a los revolucionarios suizos, Stanhope se

---

[330] A. Schmidt: *Paris pendant la Révolution, d'après les rapports de la police secrète*, p. 149 y ss.

[331] *Archivos nacionales*, F. 7, 6504.

convirtió en uno de los líderes de la masonería inglesa. Como tal, se interesaría por la Revolución Francesa y, de hecho, desempeñó un papel importante en la Logia de los Amigos Unidos, que preparó la caída de la Monarquía[332].

Stanhope mantuvo frecuentes encuentros con Philippe Égalité y sin duda le adormeció con la esperanza de un cambio de dinastía. Una vez derrocado el trono, Stanhope perdió interés por Francia y volvió a dedicarse a la ciencia. Inventó máquinas de sumar y restar y dejó un volumen sobre la electricidad.

Otro científico inglés estuvo implicado en el complot de 1789: Priestley, nacido en Yorkshire, era profesor de física y química; tras un matrimonio acomodado, se hizo clérigo en Birmingham.

El 26 de agosto de 1792, basándose en un informe de Guadet, un decreto concede la nacionalidad francesa a varios extranjeros por los servicios prestados a la causa revolucionaria, entre ellos Priestley, Paine, J. Bentham, Wilberforce, Th. Clarkson, Mackintosch, David Williams y Madison.

Nombrado miembro de la Convención por dos departamentos, Priestley no quiso ocupar su escaño; pero su influencia era considerable, ya que Burges escribió a Lord Auckland: "Priestley es considerado el principal asesor del Ministerio. Su consejo se tiene en cuenta en todas las ocasiones"[333].

Tras querer celebrar el 14 de julio con sus amigos en Birmingham, se llevó la desagradable sorpresa de ver su casa saqueada por una turba indignada por sus opiniones revolucionarias. Decidió entonces que lo más prudente era abandonar Inglaterra para siempre y, tras otra estancia en

---

[332] Un abuelo había desempeñado un papel importante en la quiebra de Law.

[333] Papers of Lord Auckland, 4 de septiembre de 1792.

Francia, Priestley se instaló en América.

Presbiteriano, Priestley abrazó la religión de Arminio, luego se hizo arriano, después sociniano; siempre fue enemigo del catolicismo.

Priestley dejó muchas obras eruditas. Se le atribuye el descubrimiento del nitrógeno[334].

Junto a estos hombres ilustres había un verdadero ejército de conspiradores ingleses.

Thomas Christie, de familia de académicos, se hizo íntimo amigo de Danton y Cloots.

Paul Waiworth es empleado directo del Rey de Inglaterra[335].

Sheare, uno de los amantes de Théroigne de Méricour, era, como su hermano, íntimo amigo de Roland y de Brissot.

S. Perry, periodista, cenó con Danton, Condorcet, Brissot y Santerre; testificó a favor de Marat.

El pastor Goodwin abandonó su carrera para abrazar la causa de la Revolución. Amigo de Paine, dejó obras muy leídas en Inglaterra; M. H. Roussin acaba de dedicarle un volumen. Goodwin vivía más en Londres que en París, mientras que su esposa vivía más en París que en Londres; se había casado con Mary Wollstonecraft, calificada de catedrática en varios documentos.

La señora Wollstonecraft-Goodwin atacó violentamente a

---

[334] Elogio de Priestley en el Instituto, pronunciado por Cuvier.

[335] *Archivos del Foreign Office*, Londres, v. 577.

María Antonieta, incluso después de su muerte; estaba tan exaltada en sus ideas revolucionarias que Horace Walpole la llamó "hiena en enaguas". Uno de sus amigos, Hamilton Rowan, agitador irlandés y amigo de Robespierre, abandonó París inmediatamente después de la detención de la Incorruptible.

Lord Palmerston frecuentaba ostensiblemente los círculos revolucionarios, mientras que Lord Camelsford, pariente de Pitt y Grenville, se ocultaba con un pasaporte bajo un nombre falso.

El aventurero Newton es nombrado coronel de la primera división de la Guardia Nacional.

Kerly, agente del banco Herries y asiduo del club Jacobin, es denunciado como espía.

Quintin Cranfurd conspiró con Fersen para salvar a la Reina; no se sabe si empezó, como sus compatriotas, conspirando contra la Monarquía.

El Conde de Devonshire es comandante del distrito de Récollets.

Wendling (o Wendlen) fue miembro del Comité Insurreccional el 31 de mayo[336].

Entre los asiduos al salón de Mme de Condorcet se encontraban Lord Stormon, Lord Stanhope, Lord Dear, Jefferson, Bache, Franklin, etc., sin olvidar a Anacharsis Cloots, enamorado de la señora de la casa[337].

Según Louis Blanc, el escocés Swinton, que con Brissot fundó

---

[336] *Actes de la Commune*, t. VII, p. 492.

[337] Michelet: *Mujeres de la Revolución*. A. Guillois: *La marquesa de Condorcet*. A. Guillois: *El salón de Mme Helvétius*.

el periódico Le *Patriote Français*, tenía la extraña profesión de "especulador en libertinaje"[338].

Un comerciante inglés, Marshall, fundó en 1789 el periódico revolucionario *l'Union*. Blackwood, detenido durante el Terror como agente extranjero, fue salvado por Chabot; se sospecha que sus guineas no habían dejado de influir en la benevolencia de Chabot[339].

H.-R. Yorke se jactaba de que a los veintidós años había participado en las tres revoluciones de América, Holanda y Francia[340]. Pero debía de ser cada vez más joven, porque aunque tenía veintidós años en 1789, sólo tenía ocho cuando fue condenado a prisión en 1775, y doce cuando se casó con la hija de su carcelero en 1779. Emparentado con Paine, fue miembro del club de los Amigos de los Derechos del Hombre, asistió a las sesiones de la Convención y se relacionó con destacados jacobinos. El verdadero nombre de H. Yorke era Readhead. Denunciado ante la Convención a finales de 1793 como agente extranjero, huyó a Suiza. Se sabe que escribió una obra titulada *Lettres de France*, que es un retrato de la vida y las costumbres francesas bajo el Consulado[341].

Holcroft trabajó como mozo de cuadra, zapatero, maestro de escuela, periodista, actor y dramaturgo antes de entrar en política tras la muerte de sus tres esposas. Tradujo al inglés las obras de Mirabeau. Holcroft era amigo de Danton y estaba emparentado con su familia[342].

---

[338] Louis Blanc: *Historia de la Revolución Francesa*.

[339] Vte de Bonald: *F. Chabot*, p. 138.

[340] L. Fortiolis: *Miembro inglés de la Convención*.

[341] T. de Wyzewa: *Excéntricos y aventureros*.

[342] Su hija se casó con Mergès, sobrino de Danton.

Smith es juez en el Tribunal Revolucionario de Finistère; O'Brien es juez en Saint-Malo. El espía Ducket es el secretario de Léonard Bourdon.

Rutlidge (o Rutledge) pertenecía a una excelente familia irlandesa. Durante el reinado de Luis XV, llegó a París para divertirse y comenzó su carrera literaria con una tragedia en francés. Bajo Luis XVI, escribió para la "Quinzaine Anglaise" e hizo representar varias comedias, pero no tuvieron mucho éxito. Arruinado por un notario poco delicado, no pudo obtener justicia; tal vez fue esta desgracia la que le lanzó al partido revolucionario. Autor de panfletos sediciosos, fue procesado a finales de 1789 por acaparamiento de grano y delito de lesa nación. Encerrado en el Châtelet, Rutlidge fue descrito como capitán de caballería, aunque parece que nunca perteneció al ejército.

Liberado al año siguiente, pronunció discursos socialistas en los Cordeliers. Rutlidge fue miembro de la administración de subsistencias de París[343] en calidad de funcionario. Procesado de nuevo por provocar la subida de los precios de los cereales, fue detenido al mismo tiempo que Proly y Desfieux. Se cree que murió en prisión en 1796[344]. A. Franklin publicó una larga lista de sus obras en su "Vie de Paris sous Louis XVI".

Dos ricos ingleses alojados en el Hôtel Vauban, rue Richelieu, bajo los nombres de Milord d'Arck y Chevalier d'Arck, ofrecían suntuosas y misteriosas cenas a las que asistían Robespierre, Pétion, Buzot, Prieur, Antoine, Rewbell y Brissot.

Uno de los agentes de Pitt, Stanley, era miembro de la sección de Mucius Scœvola[345]. M. A. Mathiez supone que la misma persona, bajo el nombre de Staley, actuó como intermediario

---

[343] *Actas de la Comuna de París*, t. III.

[344] *La vida privada de antaño* (Franklin).

[345] P. Caron: *París durante el Terror*.

entre Perrégaux y el Foreign Office[346].

Faeding, agente del gobierno británico en Calais, es amigo íntimo de Euloge Schneider.

El zapatero irlandés Kavanagh se encontró a la cabeza de los asaltantes de armas el 13 de julio de 1789; participó en todos los disturbios y masacres de septiembre. "Cobarde ante el peligro, asesinaba cuando podía hacerlo sin peligro"[347].

Mackintosh, médico y abogado, tras escribir una apología de la Revolución, recibe de la Asamblea Legislativa el título de ciudadano francés. Tras informar de su apoyo a la Revolución, siguió conspirando; en 1803, fue procesado por incitar al Primer Cónsul al asesinato.

Denis de Vitré, hijo de un canadiense y de una inglesa, regentaba una fábrica de Philippe Égalité. Miembro de los clubes revolucionarios de París, Ruán y Montargis, fue denunciado a los jacobinos el 16 de diciembre de 1793 como agente de Pitt.

Ch. Macdonald es ejecutado como espía británico.

VV.-B. James, profesor de inglés, fue uno de los vencedores de la Bastilla; fue nombrado secretario del Club de los Jacobinos. En una ocasión, guardián de Luis XVI en el Temple, se apoderó del sillón del rey para impedirle leer cómodamente.

Entre los vencedores de la Bastilla se encontraban Th. Blackwell, amigo íntimo de Danton, y W. Playfair, autor de un plan para fabricar giros falsos con el fin de arruinar el crédito de la República.

---

[346] *Annales révolutionnaires*, agosto de 1916.

[347] Argel: *ingleses en la revolución francesa*, p. 200.

Hoffmann, Volfmann y Cook parecen ser la misma persona en la lista de holandeses pensionados por Inglaterra.

Nuestro Ministerio de Asuntos Exteriores mantenía correspondencia frecuente con Archibald Mitchell, de quien se sospechaba firmemente que era uno de los espías de Pitt.

Lord G. Gordon escribió artículos a favor de Cagliostro tras el asunto del collar, en los que insultaba a María Antonieta. Fue procesado y condenado a cinco años de prisión por insultar a los magistrados ingleses. Esta desventura le impidió colaborar con sus conciudadanos en París en 1789. Gordon abandonó el protestantismo para abrazar la religión judía[348]. Este caso es lo bastante raro como para merecer ser mencionado.

El barón d'Auerweck fue denunciado como agente tanto de Inglaterra como de Austria. Oficial húngaro, se hizo ingeniero en Francia; venía a menudo a París bajo el nombre de Scheltheim.

No hemos podido averiguar su actitud en 1789. Más tarde, sin embargo, colaboró con la Sra. Atkins para liberar a los prisioneros del Temple y mostró devoción por la familia real[349].

También es difícil apreciar el papel de Lady Kerry. Dos veces viuda, casada en segundas nupcias una tercera vez, dio obras de teatro en sus salones de París. La víspera del 20 de junio, la princesa de Lamballe, los señores de Lage y de Ginestous abandonan su casa habiendo perdido hasta el último céntimo[350].

Richard Ferris fue invitado por el Consejo Ejecutivo a venir a Francia y prolongar su estancia para una operación útil al servicio

---

[348] Burke: *Reflexiones sobre la Revolución Francesa.*

[349] F. Barrey: La *Sra. Atkins y la prisión del Temple.*

[350] R. Arnaud: *La princesa de Lamballe.*

de la República (21 de agosto de 1793).

El capitán Frazer, Walsh, Kerny y Mahew son denunciados por los informes de nuestros agentes diplomáticos como agentes de Inglaterra.

Entre los asistentes a las reuniones jacobinas se encontraban J. Stanley de Alderley, Wendham, R. Watt, Wilson Huskisson, Pelham, el futuro lord Chichester y otros.

Entre los colaboradores de los revolucionarios se encontraban G. Lupton, P. Wentworth, S. Deane, Thomas, Muir, Melvile, O'Drusse, Ghym, Samson Pegnet, director de un periódico patriota, etc.[351]

¿Se puede afirmar seriamente que un número tan elevado de ingleses se reunió en París por casualidad para trabajar por el derrocamiento de la monarquía? Junto a los aventureros que pretendían aprovechar el desorden para saquear y robar había oficiales, literatos y antiguos funcionarios ingleses que no tenían nada que ganar personalmente con un cambio de régimen en Francia.

¿No es más probable creer en un plan organizado y concluir con Robespierre: "estos extranjeros que intentan parecer más republicanos que los demás no son en realidad más que agentes de las potencias"[352].

Junto a los agentes ingleses trabajaba un gran número de políticos franceses, sospechosos de estar a sueldo de Inglaterra. Sin duda convenía deshacerse de un adversario denunciándolo como agente de Pitt, y Robespierre abusó de este método de

---

[351] *Archivos nacionales*, F. 7, 6468. *Archivos del Foreign Office*, Londres, v. 587. Conway: *Paine.* Holland Rose: *W. Pitt.*

[352] Sesión de la Convención, 9 de octubre de 1789.

gobierno; pero con demasiada frecuencia sus acusaciones parecen fundadas.

Chabot afirmaba que la mujer de Hébert era una agente de Pitt[353]. Leemos en las memorias de Louvet (página 9) que Chaumette era, junto con Marat, uno de los principales agentes extranjeros.

Cuando Soulavie se encargaba de los asuntos en Ginebra, recogió cierta información sobre los agentes de Inglaterra, que puede resumirse así: "Marat recibía sus instrucciones en Londres... Clavière fue empleado para destruir la monarquía pagando al Faubourg Saint-Antoine el 20 de junio y a los marselleses y otros el 10 de agosto... Los disturbios de Lyon fueron pagados por Inglaterra... Santerre era el distribuidor de las gratificaciones de Pitt."

Según el secretario del Comité de Seguridad General[354], Santerre se encargó de distribuir las sumas donadas por Pitt. En su domicilio se encontraron cartas inglesas que anunciaban la llegada de varios millones.

Dubois Crancé es cómplice de Dufourny[355]. Lucile Desmoulins habría recibido dinero del gobierno inglés. Mientras Hébert denunciaba a Camille Desmoulins por haber vendido a Pitt, los hebertistas eran condenados precisamente por los mismos motivos. Casi todos los revolucionarios se lanzaron la misma acusación y a uno le viene a la cabeza el proverbio: "No hay humo sin fuego".

Otras personas, que no fueron sobornadas por Inglaterra, se

---

[353] *Annales révolutionnaires*, enero de 1914.

[354] *Mémoires de Sénar*, p. 10. La correspondencia diplomática de Soulavie confirma esta acusación.

[355] Buchez y Roux: *Histoire parlementaire*, t. XXXIII, p. 169.

vieron influidas por ella, tal vez inconscientemente. ¿Qué misteriosa negociación obligó a Pétion a viajar a Londres con Sillery para conferenciar con Pitt[356]? Condorcet y Fox, Brissot y Sheridan mantenían una correspondencia regular. Brissot, enamorado de Madame Macaulay (Catherine Sanbridge), traduce sus obras en las que elogia nuestra Revolución.

Los discursos de Lantenas se inspiran en Pigott y David Williams[357]. Bancal frecuenta a cuáqueros e ingleses que colaboran en nuestra Revolución[358]. Roland, Bancal y Lanthenas eran tan amigos de Pigott que planeaban instalarse con él en una vasta finca confiscada al clero[359].

Roland, Jean-Bon-Saint-André y Barère son miembros de la Sociedad de Información Constitucional[360].

Mourgues, ministro del Interior tras la marcha de Roland, escribe en 1792: "Mi padre se crió en Inglaterra; yo terminé allí mi educación. Llevé a mis hermanos y hermana a los alrededores de Bath, donde su educación está supervisada por la parte de mi familia que se refugió en este país cuando se revocó el Edicto de Nantes"[361].

En el capítulo XI, publicamos documentos que nos llevan a creer que Danton era culpable. En un informe publicado recientemente por Albert Mathiez, el propio Danton declaraba: "Es bastante evidente y está probado que los gabinetes de Londres y Viena pueden haber contribuido al derrocamiento de

---

[356] Buchez et Roux, t. XXVI, p. 271.

[357] Correspondencia con Mme Roland, p. 699.

[358] Correspondance de Mme Roland, p. 743.

[359] Correspondance de Mme Roland, p. 679.

[360] Holland Rose: *W. Pitt*.

[361] *Archivos del Foreign Office*, Londres, v. 583.

los Brissotinos"[362].

---

[362] *Annales révolutionnaires*, abril de 1916.

CAPÍTULO X

DE DÓNDE VIENE EL DINERO

"Negar la influencia de los extranjeros en la Revolución Francesa sería negar la evidencia misma", escribe Hamel[363]. Podríamos decir con la misma certeza: negar los sacrificios financieros realizados por los extranjeros en favor de los revolucionarios sería negar la evidencia misma.

Al hablar de anarquía *espontánea*, Taine parece estar totalmente equivocado: la mayoría de los contemporáneos de la Revolución mencionan que los alborotadores llevaban dinero en el bolsillo.

La correspondencia de Mirabeau dice:

"La muerte de Foullon costó cien mil libras; la del panadero François, unos pocos miles". Bailly comparte su opinión.

Danton le dijo a Lavaux en[364]: Vente con nosotros, *ganarás mucho dinero* y entonces serás libre de elegir tu partido[365].

---

[363] *Histoire de Robespierre*, vol. III, p. 88.

[364] Sybel: *Histoire de l'Europe*, t. I, p. 96.

[365] La misma frase es relatada en otros términos por Chateaubriand, *Mémoires d'outre-tombe*.

Durante los días de octubre de 1789, Théroigne de Méricour distribuyó dinero entre los soldados y el populacho.

Charles Lameth escribe a Godad el 3 de julio de 1790: "Trabaja con el mismo celo; el dinero no es lo que me detiene". Un poco más adelante, añade: "Pagamos a los regulares en las galerías (de la Asamblea Nacional); nos hacemos aplaudir por un centenar de soldados a los que condecoramos con el nombre de pueblo"[366].

Según Moore, el público de las galerías, cuidadosamente reclutado y disciplinado, recibía entre cuatro sous y tres livres por sesión. Los líderes recibían entre diez y cincuenta libras[367].

Por eso, los oradores más violentos recibieron aplausos y los moderados abucheos. Los diputados temerosos o indecisos se dejan arrastrar por la opinión pública, sin saber que está amañada.

No sabemos", dice M. de Bonald, "cuánta violencia, intriga y dinero costó incitar al pueblo al descontento"[368].

Un informe del sargento Marceau a la Asamblea Nacional admite que los disturbios del Campo de Marte "fueron organizados por extranjeros facciosos, pagados para sembrar el desorden"[369].

En 1789, los alborotadores fueron atraídos a París "por una mano casi invisible que pagaba el desorden y lo pagaba generosamente"[370]. En el momento de los disturbios de octubre,

---

[366] *Bibliothèque nationale*, L. b. 39, 9040.

[367] Moore: *Puntos de vista sobre la Revolución Francesa*, t. I, p. 426.

[368] De Bonald: *Consideraciones sobre la Revolución Francesa*, p. 22.

[369] R. ARNAUD: *El hijo de Fréron* (Procès-verbaux de l'Assemblée nationale).

[370] G. Bord: *La toma de la Bastilla*.

se dice que se enviaron siete millones desde el extranjero.

La distribución de dinero a los amotinados fue confirmada por Marmontel, Bezenval, Montjoie, el marqués de Vergennes y una multitud de contemporáneos. Sólo hay desacuerdo sobre el tipo de salario, estimado por Lafayette en doce francos diarios, mientras que otros hablan de seis francos. Los precios variaban sin duda de un día para otro, por lo que el desacuerdo es sólo aparente. Mettra, un agente secreto de nuestro Ministerio de Asuntos Exteriores, escribió: "Es evidente que la superficie de Francia está cubierta de agitadores secretos. Cuando me sellaron el pasaporte a la salida de París, vi a un hombre sacar de su bolsillo dos cajetillas de cinco libras unidas.

La gente parecía asombrada por la riqueza de este miserable harapiento. Esto", respondió, "es lo que se repartió ayer a los vencedores de la Bastilla"[371].

Este testimonio fue confirmado por diplomáticos extranjeros: por ejemplo, el Bailli de Virieu, ministro de Parma en París, escribió el 3 de mayo de 1789[372]: "Hemos detenido a hombres disfrazados que llevaban los bolsillos llenos de oro". Todos los alborotadores heridos llevaban entre doce y treinta y seis francos. Uno de ellos gimió: "¡Cómo es posible que nos traten así por doce miserables francos!

El barón de Staël Holstein cuenta cómo un diputado se esforzaba por aportar moderación a un grupo de exaltados manifestantes, cuando un hombre se le acercó y le dijo, mostrándole doce francos en la mano: "Lo que usted dice es cierto, pero sus razones no valen estos[373].

---

[371] *Archivos de Asuntos Exteriores,* Berlín, suplemento, n° 9.

[372] Grouchy y Guillois: *la Revolución Francesa contada por un extranjero.*

[373] Correspondencia diplomática del Barón de Staël Holstein.

Al año siguiente, Staël Holstein informó de la detención en París de un librero berlinés acusado de distribuir dinero para agitar al pueblo.

El informe de Chabroud a la Asamblea Nacional sobre las jornadas de octubre habla de una facción "asegurada la entrega de quince millones al mes. Se sospechaba de los enemigos de Francia... Cuarenta y cinco mil libras fueron distribuidas al regimiento de Flandes; cincuenta vidrieros fueron enrolados a un luis".

En cuanto a los masacradores de septiembre, su salario era de un luis diario, pagadero al Comité de las Cuatro Naciones. Existen documentos que lo prueban en los papeles del conde Garnier[374].

Varios historiadores han afirmado que una de las causas de la Revolución fue la hambruna de 1789. Pero, ¿cuál era el lenguaje de los revolucionarios que acusaban al rey de no socorrer la miseria de sus súbditos? De todos los medios para conmover al pueblo", dice Alexandre Lameth, "no hay ninguno más poderoso que presentarle la imagen del hambre. Con doscientos mil luises, se podría en París, haciendo compras extraordinarias, producir alarmas cuyas consecuencias serían incalculables"[375].

Esta frase puede compararse con las instrucciones dadas a un agente inglés en 1793: "Mantenga los precios altos y deje que los comerciantes acaparen todos los artículos de primera necesidad"[376].

"¿De dónde sacó Fabre d'Églantine, que era pobre antes del 2

---

[374] Mortimer Ternaux: *Histoire de la Terreur*, t. III, p. 275, 521 ss - Según Dr Lebon, algunos de los masacradores cobraban veinticuatro libras al día.

[375] G. Bord: *La conspiración revolucionaria de 1789*.

[376] *Archivos nacionales*, A. D' 108.

de septiembre, las 12.000 libras en anualidades que confesó poseer? ¿De dónde sacó el dinero para mantener su hotel, su vela, su gente y sus hijas? ¿Y Lacroix, que no ha respondido a la acusación de Guadet, relativa a la negociación millonaria que el Tribunal le había acusado de iniciar con Pétion? Y Panis, ¡y tantos otros cuya repentina fortuna data de septiembre!"[377].

¿De dónde le venía el dinero a Héron que, sin fortuna en 1789, fue víctima en 1793 de un robo de valores por valor de ochocientos mil francos? Sin embargo, se quedó lo bastante holgado como para ofrecer a Sénar una renta vitalicia de seis mil francos y tres mil seiscientos francos en metálico, a condición de que le librara de su mujer incluyéndola en una lista de sospechosos.

¿Cómo llegó Fournier el Americano a poseer el Château de Basancourt en Seine-et-Oise?

Según Mallet du Pan, Hébert dejó una fortuna de más de dos millones.

Las deudas de Duprat, que ascendían a sesenta mil francos, fueron pagadas repentinamente en 1793. A cambio, debía fomentar una contrarrevolución anglo-prusiana[378].

Fabre d'Églantine ingresó a Marat doce mil libras en anualidades adquiridas en un año[379]. Chaumette, cómplice de Cloots, envió a su padre grandes sumas atribuidas a la generosidad de Pitt[380]. Barbaroux acusó a muchos otros; se le podría haber dicho que él mismo era incapaz de nombrar al

---

[377] Retrato de los dantonistas, por Brissot *(Annales révolutionnaires,* junio de 1911).

[378] Buchez y Roux: *Histoire parlementaire*, t. XXVI, p. 300.

[379] *Archives nationales*, A. F'' 45, registro 355.

[380] Buchez y Roux: *Histoire parlementaire*, t. XXXII.

pariente que acababa de legarle ochenta mil francos.

Gonchon, el orador del Faubourg Saint-Antoine, se encontró en la cárcel con la condesa de Bohm, y admitió que le pagaban de treinta a cuarenta mil libras por cada motín[381].

Según Sybel, el dinero necesario para mantener a las bandas de alborotadores lo proporcionaban "especuladores como los hermanos Frey y el duque de Orleans". Pero los Frey eran gente demasiado práctica para distribuir su propio dinero. Sólo podían ser intermediarios que actuaban por cuenta de la masonería o por cuenta de extranjeros.

En 1789, según algunos autores, el fondo masónico internacional contaba con unos diez millones, y según otros, con veinte millones. Estas cifras son probablemente muy exageradas, pero los recursos de la secta eran ciertamente considerables. Su Gran Maestre, el duque de Orleans, poseía una magnífica fortuna, pero la opinión de sus contemporáneos era que las grandes sumas pagadas por él sólo representaban una parte muy pequeña de los gastos de la conspiración.

Una revolución en Francia jugó a favor de todos los gobiernos. Hemos descrito la política de Prusia y sus planes de expansión en Alemania.

El acuerdo franco-austriaco preocupaba a la Casa de Saboya. En cuanto a Rusia, se disponía, al igual que Prusia, a repartirse Polonia, a lo que se oponía la monarquía francesa. Catalina II, mejor informada que Luis XVI, se enteró de los planes de la masonería y se apresuró a proscribirla en sus Estados; por el contrario, la preparación de la Revolución en Francia no podía desagradarle y en una ocasión confesó lo siguiente: "Me rompo

---

[381] La Comtesse de Bohm: *Las prisiones en 1798.* G. Bord: *La conspiration révolutionnaire de 1789,* p. 117.

la cabeza para empujar a las cortes de Viena y Berlín a inmiscuirse en los asuntos de Francia para tener vía libre".

Pero el enemigo secular de la monarquía francesa era Inglaterra. Ninguna otra potencia tenía tanto interés en fomentar los disturbios y la guerra civil en Francia. Nuestra vieja rivalidad con Inglaterra se había exasperado con la guerra de Estados Unidos, y el gobierno británico buscaba una oportunidad para vengarse.

Pitt, que acababa de llegar al poder, había sido educado por su padre para odiar a Francia[382]. Auckland admitió que "el deseo de Gran Bretaña es reducir a Francia a la nada política". Chatham creía que su país "nunca alcanzaría la supremacía de los mares y del comercio mientras existiera la dinastía de los Borbones". Además, Lord Mansfield se había atrevido a declarar en el Parlamento que "el dinero gastado en fomentar la insurrección en Francia sería dinero bien gastado"[383].

Inglaterra podía verter oro en Francia sin que su presupuesto se resintiera demasiado, mientras que una guerra entrañaba riesgos y podía ser ruinosa. Por otra parte, si las finanzas británicas estaban en mejor situación que las nuestras, la marina francesa era superior a la an glaise.

Así que, resumiendo, los problemas fueron sobornados por un sindicato invisible; Inglaterra tenía un gran interés en destruir la monarquía francesa. ¿No vale la pena recordar el viejo axioma del derecho romano: "*Is fecit cui prodest*".

Además, era de dominio público que todas las revueltas habían sido fomentadas y pagadas por el gobierno británico; en los tribunales, en los salones, en los clubes, se acusaba a Pitt de

---

[382] *William Pitt.*

[383] Sorel: *L'Europe et la Révolution Française*, vol. III, p. 462.

ser el autor de los disturbios. Los diplomáticos extranjeros coincidían con nuestros agentes en este punto. Entonces, ¿por qué lo negaron los historiadores? Sin duda para salvar la reputación de los grandes hombres de la Revolución. Qué sería de estos héroes si fuera cierta la frase de Lafayette: "Con dinero inglés se compró a Danton, Pétion, Barère, Tallien, Merlin de Douai, Robespierre, Sieyès, etc."[384].

Pero en tales casos la prueba es muy difícil de establecer: los políticos que se venden rara vez firman un recibo. Una carta muy curiosa, incautada a un agente inglés, contenía las siguientes palabras: "Mylord (se acababa de mencionar a Pitt) desea que no se le ocurra enviar ni guardar ninguna cuenta. Incluso desea que se destruyan todas las actas, ya que si se encontraran, podrían ser peligrosas para todos nuestros amigos en Francia"[385]. Esta carta, dirigida al presidente del comité inglés de Lille y Saint-Omer, recomienda por dos veces que no se escatime dinero.

Según Granier de Cassagnac[386], existía un cierto número de recibos; fueron quemados por Savary por orden de Napoleón Ier. Pero parece que se trataba principalmente de sumas pagadas por el duque de Orleans. A falta de recibos, debería haberse encontrado correspondencia que incriminara a los culpables. Sin embargo, hay que señalar que todos los informes de arresto de 1792 a 1794 mencionan el sellado de los papeles de los acusados. A menudo se mencionan numerosas cartas en inglés. Sin embargo, los archivos nacionales no han conservado estas cartas; en cambio, las cuentas de lavanderas y sastres se han conservado escrupulosamente. No cabe duda de que Savary u otros tuvieron que hacer limpieza.

Danton, acusado formalmente por Lafayette, tuvo partidarios

---

[384] *Mémoires de Lafayette*, t. IV, p. 138. Mathiez: *Los días 5 y 6 de octubre*.

[385] *Archivos nacionales*, A. D' 108.

[386] Granier de Cassagnac: *Causas de la Revolución Francesa*, p. 146 y ss.

muy cálidos que defendieron su honestidad. Desgraciadamente, hay una terrible abundancia de pruebas contra él; Garat, Brissot, Mirabeau, Rœderer, Bertrand de Molleville, Robespierre, Mme Roland, Levasseur, Louis Blanc, Thiers, Mignet, etc., todos afirman su venalidad. Así, M. L. Madelin, en un volumen reciente, llega a esta conclusión: "Danton recibió dinero de la corte y quizá *de algunos* otros"[387].

¿No serían estos otros los ingleses? Esto se rumoreaba en 1793. M. de la Luzerne, embajador en Londres, escribía a M. de Montmorin el 26 de noviembre de 1790: "Hay dos ingleses en París, uno llamado Danton, el otro Paré, de quienes algunos sospechan que son los agentes más particulares del gobierno inglés". Frente al nombre de Danton, en el margen de la carta, figuran las palabras: "Président du d^t des Cordeliers". Pero esta nota está escrita a lápiz y con una letra diferente de la del embajador[388].

Sin embargo, en opinión de M. Albert Mathiez[389] , se trata efectivamente del célebre tribuno: Paré era, según él, el principal secretario de Danton. Si este último estaba en posesión de la carta que citamos en la página 231, es porque era uno de los agentes de Inglaterra. Si M. de la Luzerne cree que Danton era inglés, es porque su hermanastro vivía en Londres y se carteaba con él en inglés. Ambos, en efecto, hablaban admirablemente esta lengua.

En cuanto a Robespierre, no hemos encontrado ningún documento serio que confirme la acusación de Lafayette. Pero una carta de Charles Lameth establece claramente que Robespierre no era tan independiente como sostenían sus apologistas, y parecía obedecer las instrucciones del poder oculto: "Mi amigo Robespierre invectivas, calumnias, ese es el

---

[387] L. Madelin: *La dernière année de Danton* (1914).

[388] *Archivos del Foreign Office*, Londres, v. 571.

[389] Danton y el oro inglés. *Annales révolutionnaires* de abril de 1916.

camino para llegar a ninguna parte. ¿Cuándo podré librarme de este tonto? Tiene la dosis justa de sentido común para seguir las instrucciones que se le dan, y con eso siempre quiere aportar su granito de arena. Es muy triste cuando la fortuna te obliga a emplear a gente así. Interrumpida su carta precisamente por una visita de Robespierre, Lameth prosigue en estos términos: "El pueblo no nos conoce, incluso nos interesa mucho que no nos conozca nunca, de lo contrario se apagará el farol... Trabajad con el mismo celo. Ya sabes que el dinero no es lo que me detiene, y además, ¿qué recompensa se te promete?"[390].

El dinero tan generosamente distribuido por Lameth pudo proceder de dos fuentes, Inglaterra y el duque de Orleans.

Las memorias de la época son casi unánimes en atribuir los primeros disturbios de 1789 a Philippe Égalité[391]. El único punto controvertido es el siguiente: ¿Repartió sólo su propio dinero o repartió también el dinero de Inglaterra? Según las memorias de Madame Campan, la ambición del duque de Orleans y el oro inglés fueron las dos causas de la Revolución.

Vaudreuil escribió al conde de Artois en 1790: "Pronto la familia real estará en poder de un príncipe rebelde apoyado por el dinero y las fuerzas de Inglaterra"[392].

"Las sumas que se vierten en el pueblo no se explican por la propia fortuna del duque de Orleans"[393], dijo M. de Staël Holstein. No bastaba con pagar los primeros motines; había que pagar a los dirigentes del movimiento desde 1789 hasta 1794.

---

[390] *Carta a Godad,* 3 de julio de 1790, Bibl. nationale, Lb 39, 9040.

[391] La correspondencia de Mme de Lostanges, recientemente publicada, confirma una vez más esta evidencia. (Carta del 3 de julio de 1789).

[392] Correspondencia de Vaudreuil, 17 de junio de 1790.

[393] Correspondencia diplomática del Barón de Staël Holstein, p. 142.

Rivarol informó del rumor de que "el oro distribuido por el duque de Orleans fue a parar a los ingleses... Hay que esperar a que el Sr. Pitt explique los veinticuatro millones de gastos secretos de los que habló en la cámara baja"[394].

En las memorias inéditas del convencionalista J.-P. Picqué, leemos: "Pitt basó su proyecto y casi todo el sistema revolucionario en el duque de Orleans"[395].

La opinión de A. Geffroy[396] es que "la facción del duque de Orleans fue sobornada por Inglaterra".

El 29 de agosto de 1789, el barón de Staël-Holstein escribe a su gobierno: "Es muy probable que Inglaterra sea sospechosa de fomentar y mantener los disturbios". Y añade el 22 de octubre: "El primer partido, que más que partido debe llamarse conspiración, tiene como jefe al duque de Orleans y como fuerza motriz a Inglaterra"[397].

Según M. Dard, "Inglaterra, a todas luces, ocultó sus acciones tras el partido orleanista"[398].

Parece posible que el duque de Orleans hiciera caso omiso de las subvenciones proporcionadas por Inglaterra a sus partidarios. La Sra. Elliot (Grace Dalrymple), que fue de las últimas con Philippe Égalité, relata que "la facción de Orleans ni siquiera le consultó sobre sus operaciones y utilizó su nombre para cometer

---

[394] Las memorias de Rivarol.

[395] Véase *Revue historique de la Révolution Française*, diciembre de 1915, p. 271.

[396] *Gustave III* et *la Cour de France*, vol. II, p. 95.

[397] Correspondencia diplomática del Barón de Staël Holstein, p. 142.

[398] DARD: *Choderlos de Laclos*, p. 226.

horrores"[399]. Esta opinión explica la hipótesis jocosa de Camille Desmoulins: "Philippe Égalité quizás no formaba parte de la facción de Orleans".

De hecho, no era el Príncipe el jefe de la masonería, de la que era Gran Maestre: ya podía haber hecho la confesión de un general de opereta: "Tengo que seguirles porque soy su jefe".

Sin duda Bezenval (como muchos otros) tenía razón cuando hablaba en sus memorias de bandoleros "sobornados por el duque de Orleans y por Inglaterra". Pero sería temerario afirmar que el Príncipe había recibido dinero de Inglaterra. Es cierto que Jefferson expresó la opinión de que "el duque de Orleans está siendo utilizado como instrumento... el Príncipe está aliado con la corte de Londres". No dudaba de que el ministerio le proporcionaría sumas considerables para alimentar la guerra civil"[400].

Jefferson no aporta ninguna prueba de su afirmación; la señora Elliot estaba más al corriente que él de las andanzas del duque de Orleans, y la "facción de Orleans" podría haber sido pagada por el gabinete de Londres sin el conocimiento del príncipe. M. Madelin ha anunciado una biografía de Philippe Égalité por M. Britsch; esperemos que aclare este punto de la historia cuando aparezca.

Sin embargo, a falta de dinero, el gabinete de Londres prodigó promesas al duque de Orleans, como demuestra esta frase de una carta del Príncipe: al enterarse de la enfermedad del rey de Inglaterra, escribió: "Si Jorge cae del todo, ya sabes lo que me

---

[399] Memorias de la Sra. Dalrymple-Elliot, p. 37.

[400] Jefferson: *Obras Completas,* vol. III.

han prometido Fox y Grenville; entonces todo iría bien"[401].

El rey Georges no tenía ni simpatía ni estima por Philippe Égalité, pero sus ministros adormecieron al Príncipe con la esperanza de un cambio de dinastía.

En las memorias inéditas de I.-P. Picqué, diputado por los Altos Pirineos en la Convención, leemos: "Pitt era verdaderamente el jefe invisible o visible de un partido que dirigía movimientos y cambios opuestos al gobierno...".

"Inglaterra tenía sus confidentes y banqueros en Basilea y París, agentes bien dispuestos y extendidos con la tarifa de insurrección...".[402]

En su informe sobre el Comité de Seguridad Pública, Cambon escribió: "Desde que veo a Pitt tocar cinco millones de libras esterlinas para gastos secretos, ya no me asombra que se siembren con este dinero problemas en toda la extensión de la República".

En 1793, Barère denuncia la llegada de espías y agitadores ingleses a todos nuestros departamentos. Dubois-Crancé informa de que William Pitt ha enviado cuatro millones a los insurgentes de Lyon[403].

Leemos en el memorándum de apoyo de Barras[404]: "Petitval había comprado a la esposa de Monciel, por una suma muy considerable, 25.000 libras creo, la lista de los antiguos

---

[401] Carta a. Choderlos de Laclos, 10 de marzo de 1790. Véase DESCHAMPS: *Les Sociétés secrètes*, t. II, p. 149.

[402] *Revue historique de la Révolution Française*, páginas 271 a 275.

[403] A. Mathiez: *La Révolution et les étrangers*, cap. IX.

[404] *Revue Historique*, mayo de 1918 (artículo de Doney Lachambaudie).

miembros de la Convención y de los miembros de los dos Consejos que recibían subvenciones de Inglaterra".

Los métodos de William Pitt siguieron siendo utilizados por los diplomáticos ingleses: en 1830, por ejemplo, el teniente La Roche, encargado de retirar la barricada del Boulevard de la Madeleine, vio cómo unos ingleses repartían dinero entre los alborotadores[405].

No sólo en Francia el oro inglés hacía actuar a los políticos. Mientras Fersen declaraba, a propósito de nuestros problemas: "Creo en los argumentos del oro inglés" [406]. Nuestros diplomáticos escribían desde Berlín: "Todas las personas que tienen acceso al rey de Prusia están vendidas a Inglaterra... La condesa de Bruhl, esposa del gobernador del príncipe real, es inglesa y fanática en su amor a su país y su odio a Francia... El médico de la corte, hombre de gran ingenio, es inglés"[407].

Dieciocho meses más tarde, el marqués de Moustiers dijo: "Bischoffswerder está siendo sobornado por Inglaterra"[408].

Bacher, comisario de relaciones exteriores en Basilea, escribió el 19 de Thermidor II[409]:

"El Convenio de Pillnitz y todos los acuerdos posteriores se deben al oro de Inglaterra.

---

[405] *Souvenirs d'un officiel de gendarmerie,* publicado por el Vizconde de Courson. Véase el artículo de Félicien Pascal en *1'Echo de Paris*, 1er de agosto de 1914.

[406] Lady Blennerhasset: *Mme de Staël y su época*, p. 26.

[407] *Archives des Affaires étrangères,* Berlín, 1789, Carta de M. d'Esterno.

[408] *Archivo de Asuntos Exteriores,* Berlín, 10 de febrero de 1791.

[409] *Id. en* Berlín, v. 213.

Finalmente, nuestros agentes diplomáticos afirmaron que Thugut había sido vendido a los ingleses[410].

La influencia británica se encuentra en todas partes: tanto en las sociedades secretas como en nuestras asambleas nacionales, en los clubes y en el Comité de Salut Public, así como en los ministerios de todos los países.

---

[410] Confidencias de Poteratz. Carta de Wickham a Grenville.

CAPÍTULO XI

INGLATERRA Y LA REVOLUCIÓN

Afalta de pruebas materiales, todo lo anterior da lugar a serias presunciones en contra de Inglaterra. Pero no fueron sólo los rumores públicos los que le acusaron de sobornar a alborotadores; no fueron sólo la correspondencia y las memorias de contemporáneos, sino también la correspondencia diplomática.

Se objetará que los embajadores que se hacen eco de los rumores que circulan pueden inducir a error a sus gobiernos. Pero cuando el mismo hecho se afirma en Viena, Londres, París, Amsterdam, Basilea y Berlín, hay muchas probabilidades de que sea cierto. La correspondencia diplomática que publicamos en los documentos de apoyo puede resumirse en esta confesión de lord Grenville al conde Stadion: "Con el fin de crear distracciones útiles, el gobierno británico tiene la costumbre de mantener el desorden interno en territorio francés"[411].

Por último, la carta siguiente, incautada y traducida por orden de la Convención, constituye una prueba material: da instrucciones de Pitt al agente encargado del comité inglés en Lille y Saint-Omer. Prueba que estos comités, establecidos en la

---

[411] *Manuscritos de J. B. Fortescue*, t. II. Doumic: *¿Es la francmasonería judía o inglesa?* Véanse también las *Memorias de Barthélemy*, recientemente publicadas por M. de Dampierre.

mayoría de nuestras grandes ciudades, funcionaban desde hacía bastante tiempo[412]: a un agente cuyos servicios merecían ser particularmente recompensados se le prometía un escaño en el Parlamento.

... "Debemos hacer que las asignaciones caigan cada vez más. Mantener los precios altos y dejar que los comerciantes acaparen todos los artículos de primera necesidad...

"Que Chester vaya de vez en cuando a Ardes y Dunkerque. Una vez más, no escatime en el dinero...

"Vean ciento cincuenta mil francos en Rouen y otros tantos en Caen. Que Mors... sea llamado de Cambrai, que Whitmore vaya a Boulogne[413].

"Mastre debería estar en París, porque como banquero tiene el mejor conocimiento de cómo apoyar los fondos y derribar los assignats. Los planes de Milne fueron aprobados por Pitt...

"Que no se escatime dinero. Mylord desea que no pienses en enviar o guardar ninguna cuenta...

"... Si usted piensa que Mitchell es lo suficientemente seguro, emplearlo para ir a París y Dunkerque... Dile a Ness que puede estar seguro de un burgo en la primera vacante, o en el próximo parlamento....[414]

"Tenemos cuarenta mil guineas[415] para los comités bajo su

---

[412] La carta está fechada el 29 de junio de 1793.

[413] Las palabras Cambray y Boulogne están tachadas.

[414] Nota del traductor: es decir, será diputado.

[415] Nota del traductor: Casi seis millones al cambio actual.

liderazgo.

"No dejes que Marston se quede contigo. Es prudente tener alojamientos separados..."

A esta carta se adjuntaba una lista de emisarios designados por iniciales con las sumas a distribuir en catorce ciudades: París, Ruán, Lille; Nantes, Dunkerque, Calais, Arras, Saint-Omer, Saint-Malo, Boulogne, Douai, Orleans, Blois, Tours[416].

Es difícil no ver en este documento una prueba material de la culpabilidad del gobierno británico.

Según Barère, los documentos perdidos por un inglés demostraban que el gobierno británico había enviado agitadores e incendiarios a todos nuestros departamentos.

De hecho, se produjeron incendios en Douai, el puerto de Lorient, Valenciennes, la fábrica de cartuchos de Bayona, el parque de artillería de Chemillé, etc.[417]

El Ministerio de Asuntos Exteriores ha reconocido que el banquero prusiano-suizo Perrégaux "distribuyó grandes sumas en París en 1793 a varios particulares... por los servicios esenciales que nos prestaron"[418].

He aquí una carta oficial del Ministerio de Asuntos Exteriores al banquero Perrégaux, recientemente publicada por los *Annales*

---

[416] *Archives nationales*, A. D' 108, y *Archives des Affaires étrangères*, Londres, 587.

[417] A. MATHIEZ: *La Révolution et les étrangers*, p. 138.

[418] Lavisse: *La France contemporaine*, t. II, p. 151.

révolutionnaires[419]:

"Quisiéramos que continuaseis vuestros esfuerzos y adelantaseis 3.000 livres al Sr. C. D., 12.000 a W. T. y 1.000 a de M., por los servicios que nos han prestado respirando fuego y llevando a los jacobinos al colmo de su furia...

"Ayudar a C. a descubrir los canales a través de los cuales se puede distribuir el dinero con más éxito..."

Al publicar esta carta, M. Albert Mathiez concluye: "No cabe duda de que Inglaterra mantenía agentes en el Jacobino que se encargaban de empujar al club a una sobrepuja demagógica". Como este documento forma parte de los papeles incautados a Danton, el Sr. Mathiez cree que el célebre tribuno era uno de los agentes pagados por Perrégaux.

En resumen, si aceptamos la existencia de la conspiración inglesa o anglo-prusiana, nuestra Revolución es mucho más fácil de explicar que si rechazamos esta hipótesis.

Echemos un vistazo a los acontecimientos desde la preparación de la Revolución: todo parece seguir una lógica y el plan de nuestros adversarios está perfectamente combinado.

Desde finales del reinado de Luis XV, Bretaña estuvo bajo la influencia de emisarios de Inglaterra. Algunos descontentos ofrecieron la corona al duque de Orleans, padre de Philippe Égalité. Un ejército pagado por Inglaterra debía apoyar el movimiento. Ante la negativa del duque de Orleans, los conspiradores decidieron recurrir a su hijo; algunos de ellos eran probablemente miembros del Club Bretón, que más tarde se convertiría en el Club Jacobino. Así pues, el apoyo del gobierno británico a las ambiciones de la rama más joven es muy anterior

---

[419] Abril de 1916, A. Mathiez: *Danton y el oro inglés.*

a los disturbios. Mucho antes de la Revolución, el conde de Vergenne, estudiando la cuestión inglesa con Luis XVI, se había convencido de que "Inglaterra trabajaba para destruir Francia por medio del malestar y la discordia"[420].

El movimiento filosófico que tan hábilmente allanó el camino para la caída de la monarquía fue lanzado desde el extranjero. "De Rousseau vino Robespierre", escribe M. A. Dides[421]. Pero es indudable que Rousseau recibió la influencia de Inglaterra e imitó las obras de Jacques Thomson.

Los escritos del inglés Locke "sirvieron de prefacio a las obras de Voltaire y Rousseau"[422]. Contiene las teorías de la souveraineté del pueblo, la separación de poderes y todos los principios de 1789. M. Doumic ha señalado también que los filósofos tomaron armas de Inglaterra contra todo lo que les disgustaba en Francia: el gobierno, la religión, las costumbres y el espíritu tradicional"[423].

Si d'Holbach. Helvétius y Diderot no pedían una república, habían desacreditado y debilitado a la realeza, ya fuera insultándola o socavando el cristianismo[424].

Helvétius, nacido en París, era de origen germano-holandés. D'Holbach era de Baden. En su hotel se escribieron libelos y panfletos contra la religión y la realeza[425]. Se distribuyeron gratuitamente en todas las provincias. D'Holbach era el

---

[420] Campardon: *Le procès du collier.* Soulavie, v. VI, p. 289.

[421] A. Dide: *Protestantism and the French Revolution*, p. 11.

[422] J. Fabre: *Los Padres de la Revolución.*

[423] Doumic: *El descubrimiento de Inglaterra en el siglo XVIII.*[e]

[424] Aulard: *Histoire politique de la Révolution Française*, p. 11.

[425] J. de Lannoy: *La Révolution préparée par la Franc-maçonnerie*, Omnia Veritas Ltd, www.omnia-veritas.com.

introductor de todos los extranjeros distinguidos que llegaban a París. Condorcet fue su amigo y discípulo [426] . Helvétius, condenado por la Sorbona por su libro *De l'esprit,* recibió una calurosa acogida en Berlín[427]. Fue en el salón de Madame Necker donde se decidió erigir una estatua a Voltaire, cuyas simpatías prusianas eran bien conocidas. -

Los pueblos más espirituales de la tierra son al mismo tiempo los que más fácilmente sucumben a la influencia extranjera. Quizá se deba al proverbio "Nadie es profeta en su tierra". Los italianos habían estado de moda durante el Renacimiento; en el siglo XVIIIe , fueron los ingleses. Luis XVI intentó reaccionar contra la anglomanía de los cortesanos, que le impacientaba. Un día, cuando Lauzun estaba, como era su costumbre, alabando a Inglaterra, el rey le dijo bruscamente: "Si tanto amas a los ingleses, deberías irte a vivir con ellos y servirles"[428].

Inglaterra esperó pacientemente mientras sus agentes propagaban las nuevas ideas y se esforzaban por crear un estado de ánimo revolucionario en Francia. Lo mismo ocurrió en Prusia.

Nuestra monarquía estaba en manos de un soberano débil e indeciso, incapaz de tomar partido y demasiado bueno para oponer una resistencia enérgica a las revueltas. Ya en 1776, Federico III comparó a Luis XVI con una joven oveja rodeada de viejos lobos. Tenía razón, y el apoyo que prestó a los filósofos fue una buena política prusiana.

Ya hemos dicho que la francmasonería francesa estaba influida por Inglaterra y Alemania. ¿Hubo un acuerdo formal entre los dos gobiernos de Londres y Berlín? Es probable, pero es imposible aportar pruebas. Nuestros diplomáticos y varios

---

[426] *Las memorias de Grimm.*

[427] A. Keim: *Helvétius.*

[428] Marqués de Ségur: *Le couchant de la Monarchie,* t. II, p. 219.

historiadores afirman que muchas personalidades prusianas contribuyeron a los fondos secretos del gabinete de Londres. El rey de Inglaterra era cuñado del duque de Brunswick, y la corte de Berlín estaba bajo influencia británica.

Durante mucho tiempo se creyó que los Illuminati eran exclusivamente alemanes. Una obra reciente de Gustave Bord revela sus vínculos con el gobierno inglés: "Una camarilla de alemanes *consagrados a Inglaterra* tenía como cómplices a empleados de diversos gobiernos de todo el mundo"[429].

A finales del reinado de Luis XVI, un gran número de ingleses y alemanes empezaron a frecuentar las logias masónicas francesas, entre ellos lord Stanhope, uno de los líderes de la masonería inglesa. En resumen, la coalición anglo-prusiana disponía de la formidable fuerza de las sociedades secretas y de sus dirigentes. El aliado del gabinete británico era el Gran Maestre de la masonería francesa, el duque de Orleans. El palacio real estaba repleto de espías, y Philippe Égalité no podía hacer nada sin que el gobierno inglés estuviera informado.

Ducher, agente diplomático, declaraba en 1793: "Desde hace diez años, el ministerio británico tiene en prenda la secta de los economistas en Francia"[430].

Al mismo tiempo, era necesario poder contar con la opinión pública; esta tarea se confió a los clubes y a los periódicos. La necesidad de reforma era sin duda urgente; había abusos que eliminar y los filósofos ya llevaban tiempo creando un estado de ánimo revolucionario. Pero la acción de Inglaterra acentuó este estado de ánimo en toda Francia. Los constitucionalistas, con excelentes intenciones, se encontraron haciendo el juego al sindicato internacional al preparar, sin saberlo, el derrocamiento

---

[429] G. Bord: *Les Illuminés de Bavière* (Revue des Société secrètes).

[430] *Archivos del Ministerio de Asuntos Exteriores,* Londres; 587.

de la monarquía.

Hemos explicado que el grupo gènevois, tan destacado durante la Revolución, fue pensionado por el gabinete de Londres. Los protestantes franceses también estaban bajo la influencia inglesa.

El movimiento por la libertad de prensa fue lanzado por David Williams; la Declaración de los Derechos del Hombre fue obra de Thomas Paine; el inventor del gorro rojo fue Robert Pigott. Los clubes importados a Francia desde Inglaterra trabajaron sobre la opinión pública junto a las sociedades secretas. Tras el club político, fundado en 1782, el club americano fue creado en 1785 por el duque de Orleans. Otros círculos empezaron también a debatir cuestiones políticas. Preocupados por el gobierno, todos fueron clausurados en 1787. La ley del 14 de diciembre de 1789 les concedió el derecho a reabrir, pero no esperaron a obtener el permiso, pues ya en junio, y tal vez antes, el famoso club bretón se reunía en Versalles[431]. Sabemos que más tarde se convirtió en el Club Jacobino cuando se trasladó al convento de la rue Saint-Honoré[432]. ¿Ignoraba la policía las reuniones del Club Bretón? Es probable que hicieran la vista gorda.

Después del Club Breton, se abrieron un número bastante elevado de clubes en los que el juego fue sustituido por la política, como el Club de los Extranjeros, en la rue de Chartres; el Club de los Colonos, fundado por los americanos; la Sociedad Lazowski, creada más tarde por los americanos, etc.

El elemento inglés dominaba el club *Friends of Blacks,* que

---

[431] Ya mantenía correspondencia con todos los regimientos para animarles a desertar. Ver Aulard: *La Société des Jacobins*, t. I. Introducción, p. 20 ss.

[432] La puerta de entrada aún existe, en la rue Saint-Hyacinthe, 4, detrás del Marché Saint-Honoré.

desempeñaba un papel bastante importante.

"Ya en diciembre de 1790, el club de los jacobinos contaba entre sus miembros con notorios extranjeros, muchos de los cuales ni siquiera estaban domiciliados"[433]. En los Cordeliers, un gran número de suizos confraternizaban con Marat, entre ellos Virchaux, Niquille, Roullier, d'Arbelay y Chaney[434].

La Sociedad Constitucional pasó desapercibida. Burke, en sus reflexiones sobre la Revolución Francesa, se asombraba de que el reconocimiento de nuestros compatriotas fuera sólo para la "sociedad de la Revolución" y en absoluto para la Sociedad Constitucional "que lleva siete u ocho años trabajando en la misma dirección" (1er novembre 1790).

Esta asociación inglesa, ignorada por los historiadores, llevaba preparándose para la Revolución desde 1783.

La Friends of the People Society era totalmente inglesa, como su predecesora [435]. Lord Grey fue uno de sus principales miembros.

El cercle Social, en cambio, donde brillaban el abate Fauchet y Nicola Bonneville, parecía francés. Pero Anacharsis Cloots y Thomas Paine eran redactores de su periódico, la *Boca de Hierro*. El objetivo del cercle Social era centralizar a los masones, eliminando todos los elementos reaccionarios. El cercle Social admitía mujeres; Mme d'Aelders, agente del gobierno prusiano, era miembro, junto con varias mujeres elegantes que asustaban a los austeros jacobinos[436]. Por ello, la propuesta de Bonneville fue

---

[433] Mathiez: *La Revolución y los extranjeros*, p. 42.

[434] Consulte a continuación la lista de extranjeros pertenecientes al Club Jacobino.

[435] Peyrat: *La Revolución Francesa*, p. 146.

[436] Se inauguró en el circo Palais-Royal.

rechazada cuando quiso fusionar el cercle Social con el club jacobino[437]. Les Amis de la vérité era una rama del cercle Social; Mme d'Aelders intentó fundar al mismo tiempo la sociedad patriótica de Les *Amies* de la vérité.

El club de los Nomófilos, en la calle Saint-Antoine, también contaba con miembros de ambos sexos; Théroigne de Méricour brillaba con luz propia[438].

Muchos extranjeros eran asiduos del club Cordeliers, los más violentos de todos: Rutledge, Dufourny, Desfieux, Dubuisson, Proly, etc.

El club revolucionario inglés, presidido por Stone, desempeñó un papel muy activo en la Revolución Francesa. No se ha encontrado una lista de sus miembros, pero he aquí los nombres de los ingleses que cenaron allí el 18 de noviembre de 1792: Thomas Paine, el banquero R. Smith, Rayment, Frost, Sayer, Joyce, H. Redhead, Yorke y R. Merry, marido de la actriz Miss Brunton.

El club revolucionario inglés había sido creado por la Revolution Society, cuya sede estaba en Londres. Los principales dirigentes de la Revolution Society eran lord Stanhope, que se encuentra en todas partes, y el doctor Price. Este último, después de las jornadas de octubre, daba gracias a Dios por haberle hecho vivir lo suficiente para ver estos acontecimientos. Burke nos dice que lo que excitó el entusiasmo de la Sociedad Revolucionaria fue el grito: "Obispos a la linterna".

La correspondencia de la Sociedad de la Revolución con los clubes franceses forma un volumen bastante raro que lleva la mención: "Estrictamente prohibido en Inglaterra". Contiene

---

[437] A. Jouet: *Palos.*

[438] Isambert: *La vida en París*, 1791-1792.

cartas de un gran número de sociedades jacobinas, agradeciéndoles los consejos recibidos; en efecto, la Sociedad de la Revolución inglesa era una fuente constante de inspiración para nuestras asambleas; mantenía correspondencia no sólo con París, sino con todas nuestras grandes ciudades, que enviaban patriotas a Londres para reunirse con lord Stanhope. Ya en 1788, la Sociedad de la Revolución había proclamado los principios inmortales que nuestros revolucionarios pretenden haber inventado: libertad de conciencia, libertad de prensa, soberanía del pueblo, derecho a la insurrección, etc.

Según la duquesa de Brissac [439], la *Sociedad de Correspondencia* Landre estaba formada por seis mil personas dirigidas por un comité secreto de seis miembros anónimos.

Algunos salones políticos colaboraban con los clubes: el de Mm de Condorcet, frecuentado por los ingleses y por Cloots, los de Mme François Robert, del banquero Kornmann, etcétera.[440]

Apenas iniciada la Revolución, la conspiración internacional se propuso monopolizar la prensa, cuyo poder comenzaba a manifestarse. El inglés Rutledge publicaba la *Fortnight*. El *Courrier de l'Europe* pertenecía a su compatriota Swinton. La Sociedad de los Amigos Negros, sobornada por Inglaterra, publicaba *el Observateur*. Thomas Paine inspiró los artículos de Brissot y escribió La *Bouche de fer* con Anacharsis Cloots. *L'Union, inspirada* en Robespierre, apareció tanto en inglés como en francés. Oswald fue uno de los fundadores de la *Chronique du mois*. Al mismo tiempo, la correspondencia diplomática de Von der Goltz menciona el *Journal National*, subvencionado por él en París, que se enviaba a Berlín[441]. El

---

[439] Duchesse de Brissac: *Pages sombres,* p. 179.

[440] Bajo el Directorio, se funda el Cercle Constitutionnel, presidido por Benjamin Constant, para combatir al monárquico Cercle de Clichy.

[441] *Archivos de Asuntos Exteriores,* Berlín, v. 212.

prusiano Cloots inspiró los artículos de Camille Desmoulins; el austriaco Proly colaboró en el *Cosmopolite*. El milanés Gorani escribió para el *Moniteur*. El prusiano Z. Hourwitz colaboró en varios periódicos. Los italianos Pio y Ceruti fueron redactores de la *Feuille Villageoise* y del *Journal de la Montagne*. El príncipe Ch. de Hesse dirigió el *Journal des hommes libres*. *El* genovés Dumont colaboró en Le *Républicain*. Su conciudadano Clavière publicó el *Chronique du mois* y escribió para el *Courrier de Provence*. El belga F. Robert fue redactor del *Mercure* y de las *Révolutions de Paris*. También hay que mencionar a La Harpe, D^r Kœrner, Cotta (de Stuttgart), Dorsch (de Maguncia), el saboyano Dessaix, etc. El periódico Le *Creuset* fue editado por Rutledge; Dessonaz, de Génova, editó la *Correspondance des Nations* con Grenus; Euloge Schneider editó *el Argus* en alemán. En París aparecieron periódicos revolucionarios ingleses, como el *Magazine de París y* el *Paris Mercury*. El Club Helvétique publica la *Correspondance générale Helvétique*. Rebmann publica en París *Die Schilwache y* Die Geissel; colabora con el príncipe de Hesse en el *Journal des Campagnes* y el *Ami des lois*.

Paralelamente a las intrigas prusianas, los agentes británicos llevaban tiempo trabajando para desacreditar a María Antonieta con el fin de disolver la entente franco-austriaca.

El embajador Dorset, que gozaba de la confianza de la Reina, estaba a su vez sembrando la discordia en la Corte de Versalles. Tras el asunto del collar, Cagliostro fue bien recibido en Londres, donde no había dejado una buena reputación. Cuando más tarde fue encarcelado por deudas, un inglés lo sacó de nuevo.

"A la señal de la convocatoria de los Estados Generales, provocada subrepticiamente por los cómplices y emisarios de su ministro, Inglaterra desplegó sobre nosotros el complot infernal que había tejido en la sombra y en silencio"[442]. Un enjambre de

---

[442] *Archives des Affaires étrangères*, Inglaterra, suplemento, v. 15. Informe de Durban al Directorio.

agentes ingleses se había instalado poco a poco en Francia para dirigir el movimiento preparado. Hemos citado la carta que establecía la existencia de comités en catorce ciudades. Pero, por supuesto, era sobre todo en París donde estaban activos. Barère escribía en uno de sus informes: "Los ingleses tienen de Dunkerque a Bayona y de Bergues a Estrasburgo corruptores e inteligencias secretas en las guarniciones".

Pocos días después del asalto a la Bastilla, Dorset se apresuró a informar al Sr. de Montmorin de un supuesto complot de los aristócratas para entregar Brest a los ingleses. No podía nombrar a los autores por una buena razón: el complot no existía. Pero parecía, o pretendía parecer, más sincero cuando negaba cualquier responsabilidad en nuestros problemas iniciales. Además, ¿no era probable que la forma en que el gobierno británico se exoneraba a sí mismo despertara nuestras sospechas en lugar de disiparlas: El rey de Inglaterra protesta que no tuvo nada que ver con los desórdenes de París; Grenville lo repite insistentemente [443]. El embajador Dorset, no contento con afirmarlo ante Luis XVI, escribe dos cartas al presidente de la Asamblea Nacional para exculparse. Hay que decir que las apariencias estaban en su contra. Pero esta vez, el gabinete londinense comprendió que Dorset exageraba y le reprochó haber escrito al Presidente de la Asamblea.

El historiador inglés Holland Rose ha descubierto una prueba de la sinceridad de su Gobierno: es que ni una sola de las cartas del rey Jorge a sus ministros o embajadores alude siquiera a la Revolución Francesa. Quien quiere probar demasiado no prueba nada: ¿quién puede creer que un acontecimiento de esta importancia pasó desapercibido en Londres? Por el contrario, nuestros agentes diplomáticos afirman que el rey de Inglaterra "nunca deja de hablar de la Revolución". ¿Podemos suponer que no habla de ello a sus ministros y embajador? Sin embargo, como la diplomacia británica siempre ha estado en manos de hombres

---

[443] *Archivos del Foreign Office*, Londres, v. 578.

de carrera, sus secretos no han sido divulgados por demagogos y parvenus. Una objeción puede hacerse a la hipótesis del complot anglo-prusiano, y es que la prueba de ello debería encontrarse en los archivos de Londres. Una frase del *Mémorial de Sainte-Hélène*[444] responde a esta objeción: "Todos los agentes políticos ingleses están en condiciones de hacer dos informes sobre el mismo tema, uno público y falso para los archivos ministeriales, el otro confidencial y verdadero sólo para los ministros".

Pitt dijo una vez a Lord Stanhope: "Sea lo que sea lo que tengamos que gastar, no debemos escatimar nada para encender la guerra civil en Francia"[445].

Ya hemos citado la confesión de Lord Grenville. Lord Mansfield también se atrevió a decir al Parlamento que el dinero gastado en fomentar la insurrección en Francia sería dinero bien gastado[446]. El duque de Bedford admitió más tarde ante la Cámara de los Lores[447]: "Nuestros esfuerzos han contribuido en gran medida al establecimiento del régimen del Terror en Francia, y nuestro ministerio ha tenido una gran participación en las desgracias que le han sobrevenido"[448].

M. de Montmorin escribía con mucha sensatez al comienzo de la Revolución: "Los disturbios que agitan al reino atraen la atención de todas las potencias, y la mayoría de ellas los ven con una secreta alegría... Entre estas potencias hay que distinguir a Gran Bretaña... Sabemos que el deseo de debilitar a Francia es el

---

[444] V. IV, p. 262.

[445] HAMEL: *Histoire de Saint-Just*, p. 422.

[446] Sorel: *L'Europe et la Révolution*, vol. III, p. 462.

[447] 27 de enero de 1795.

[448] Huelga decir que la actuación de los ministros ingleses hace ciento treinta años no puede disminuir la deuda de gratitud contraída por Francia en 1914 hacia la gran nación que acudió en nuestra ayuda para repeler la invasión de los bárbaros del otro lado del Rin.

primer m bilo de la política".

Montmorin admitió que no podía encontrar pruebas precisas, porque, según dijo, el 13 de agosto "la policía ya no existía. Pero lo que es seguro es que el dinero se repartió con la mayor profusión entre los soldados y el pueblo"[449].

M. de La Luzerne respondió a Montmorin que nuestros primeros problemas fueron muy probablemente fomentados por Dorset.

Las primeras chispas de nuestra Revolución", dijo Napoleón Ier, "y todos los horribles crímenes que siguieron, fueron obra de Pitt... La posteridad lo reconocerá... Este hombre, tan alabado en su día, no será un día más que el genio del mal"[450].

Las Jornadas de Octubre fueron sin duda organizadas por el gobierno inglés con la ayuda del duque de Orleans. La correspondencia diplomática así lo confirma, al igual que los relatos contemporáneos. Después de estas jornadas, Lafayette hizo enviar al duque de Orleans en misión a Inglaterra. La idea no era quizá muy feliz, ya que el príncipe parecía conspirar con la ayuda de ese país; pero sobre todo la corte quería alejarlo de París. Philippe-Égalité recibió instrucciones de buscar en Londres a los autores de los disturbios, tarea que no debía resultarle muy difícil. - Lafayette le dijo: "Usted está más interesado en esto que nadie, porque nadie está tan implicado como usted"[451]. Lafayette sugirió entonces al Príncipe que si se negaba a ir a Londres bien podría ser arrestado.

Nuestro embajador en Londres, M. de la Luzerne, recibió el encargo de vigilar al duque de Orleans. Los ministros ingleses le

---

[449] *Archivos del Foreign Office,* Londres, v. 570.

[450] *Memorial de Santa Elena,* v. VII, p. 218.

[451] Louis Blanç, t. III, p. 250.

hicieron notar que el Príncipe "abandonaba Francia más bien por necesidad que por voluntad propia".

M. de La Luzerne protestó contra semejante idea con la misma seguridad que el ministro inglés cuando afirmaba ser ajeno a nuestros problemas. En palabras de Beaumarchais: "¿A quién se engaña aquí?

La Luzerne escribió el 30 de noviembre: "Estoy tratando de averiguar si, en lugar de hablar con los ministros ingleses sobre los asuntos de los Países Bajos, el duque de Orleans no está conspirando con ellos para provocar nuevos problemas en Francia... Pero el Rey y el Sr. Pitt tienen una opinión tan baja del duque de Orleans, lo creen tan inadecuado para ser el líder de un partido, que no mezclarán sus asuntos con los de él. No puedo decirle hasta qué punto la llegada de este Príncipe ha dado a los ingleses de todas las clases una mala opinión de él...

"El duque de Orleans nunca me habla de sus visitas a los ministros ingleses, que sé que son muy frecuentes"[452].

Unos meses más tarde, el Príncipe, aburrido en Londres, pidió volver a París, a menos que se le nombrara embajador en lugar de La Luzerne. Esta insinuación no tuvo éxito.

Para el aniversario del 14 de julio, el gobierno inglés preveía graves desórdenes, y el Príncipe de Gales instó al Duque de Orleans a regresar a París para asistir a[453].

Al denunciar los planes del duque de Orleans ante la Asamblea, Ribes, diputado por los Pirineos Orientales, afirmó que el príncipe había concluido el siguiente acuerdo: abandonaría nuestras colonias a Inglaterra a cambio del apoyo del gobierno

---

[452] *Archivos del Foreign Office,* Londres, v. 571 y 572.

[453] *Archivos de Asuntos Exteriores*, Londres 573 y 574.

británico, que debía empujarle al trono[454]. Ribes señaló los frecuentes viajes de Talleyrand y Philippe Égalité a Londres, y los artículos de prensa pagados por la Société des Amis des Noirs. Pero el duque de Orleans fue defendido por Robespierre, Danton, Marat y los Cordeliers[455]. Los malintencionados supusieron con cierta probabilidad que el apoyo de estos personajes no era desinteresado.

Tras la huida de Varennes, Fox declaró que había llegado el momento de abolir la realeza en Francia[456]. En septiembre de 1791, Mercy Argenteau dijo a nuestro embajador que Inglaterra había fomentado nuestros primeros desórdenes y que continuaría hasta la ruina total[457]. Worontzof se irritaba por la ceguera de Rusia y España "que no ven las actividades de Inglaterra en Francia"[458]. Y nuestro embajador en Londres escribía: "Inglaterra ya no tiene nada que temer de Francia y puede sin temor arrogarse la supremacía en los dos Mundos".

La candidatura del duque de York al trono comienza a discutirse tímidamente en París.

Segundo hijo del rey de Inglaterra, el duque de York se había casado con una princesa de Prusia, y este matrimonio, dice M. Aulard, "le había hecho simpático a los patriotas"[459]. El comité secreto de los jacobinos, a propuesta de Manuel y Thuriot, decidió en 1792 sustituir a Luis XVI por el duque de York, el duque de Brunswick o Philippe Égalité[460]. Carra apoyó la

---

[454] Pallain: *Misión de Talleyrand a Londres*, p. 345 y 346.

[455] Memorias de Bouillé. Memorias de Louvet.

[456] E. Champion: *L'esprit de la Révolution Française,* p. 200.

[457] *Archivos del Foreign Office,* Londres, 578.

[458] *Id.* v. 579.

[459] AULARD: *Histoire politique de la Révolution. Française,* p. 254.

[460] G. Bord: *Autour du Temple,* t. I, p. 191 y 578.

candidatura del duque de York en el club jacobino[461].

Al año siguiente, el general Wimpffen, diputado de Caen, propuso de nuevo pedir a Inglaterra un rey[462]. Un destacamento de la guarnición de Valenciennes hizo correr la voz de que había que llevar al trono al duque de York, el único que podía hacer feliz a Francia. Se encontró dinero inglés en los bolsillos de los soldados.

Montgaillard afirmaba haber sido encargado por Robespierre de las negociaciones con el duque de York. Leemos en las memorias de Garat: "Los jacobinos, que parecen dirigir Francia, están dirigidos por los Cordeliers; los Cordeliers se disponen a derramar torrentes de sangre para hacer surgir un nuevo trono (el duque de York)".

Una carta de Noël, nuestro agente diplomático en Londres, calmó el entusiasmo de los partidarios del príncipe inglés. Algunas personas", escribió, "parecían convencidas de que se estaba pensando seriamente en ofrecer la corona al duque de Brunswick. Desconozco las intenciones de la Asamblea y del Consejo. Pero, si a Francia no le repugnan los reyes, creo que es mi deber contaros lo que he sabido del duque de York, de quien sabéis que algunos periódicos franceses han hablado en el mismo sentido. Feroz hasta el punto de matar a palos a los soldados, sanguinario, sin talento, sin ingenio, borracho todos los días, el horror y el desprecio de la nación inglesa, nunca ha mostrado ninguna inclinación honesta ni humana, y la mala salud del príncipe de Gales nos hace vislumbrar con pavor el momento en que un hombre así será rey".[463]

Los partidarios del duque de York pronto se unieron a la

---

[461] *Archives nationales*, A. F'', 45, reg. 355.

[462] Aulard: *Histoire politique de la Révolution Française*, p. 897.

[463] *Archivos del Foreign Office*, Londres, v. 582.

candidatura del duque de Brunswick, que fue derrotado por la facción de Orleans.

La mala cosecha y la escasez de alimentos fueron aprovechadas por los líderes de la Revolución para azuzar al pueblo. El gobierno inglés aprovechó la situación para realizar importantes compras de trigo y harina en Francia, agravando así la situación[464].

En su discurso del 8 de Thermidor, Robespierre dijo a la Convención que "el hambre es el resultado de las acciones de Inglaterra"[465].

El informe de Cambon a la comisión de Salut Public también acusaba a los extranjeros de ser los responsables de la crisis y atribuía la caída de los assignats a la actuación de Pitt[466].

En las jornadas del 20 de junio y del 10 de agosto, cuando se formaron los grupos armados, se dispersaron agentes del Ministerio inglés para agitarlos[467].

Cabe señalar que Lord Gower ya había anunciado a Londres el 4 de agosto que las Tullerías serían atacadas en breve. Lord Grenville respondió: "Exprese al Rey nuestros sentimientos de amistad y buena voluntad, pero *nada por escrito*". El gabinete londinense era obviamente neutral.

Según M. de Montmorin, casi todos los que entraron por la

---

[464] Sobre este tema, véanse las Memorias del abanderado Orson, publicadas por F. CASTANIÉ.

[465] Discursos e informes de Robespierre, p. 420.

[466] MATHIEZ: *La Révolution et les étrangers*, p. 136.

[467] Biré: *Journal d'un bourgeois de Paris*.

fuerza en las Tullerías el 20 de junio eran extranjeros.

Varios ingleses enviaron dinero a las viudas de los patriotas asesinados el 10 de agosto[468]; otros enviaron dinero a los alborotadores heridos durante la insurrección.

Las masacres de septiembre no fueron, escribe Lindet, el resultado de un movimiento popular: "Todo estaba ordenado"[469]. (Habla un revolucionario, no un reaccionario.) Danton y Camille Desmoulins habían anunciado las masacres antes de que comenzaran.

Durante aquellos terribles días, dos ingleses con levita sirvieron copas de vino a los asesinos, diciéndoles: "Sed fuertes y valientes"[470].

El salario del masacrador era de un luis al día; algunos recibían veinticuatro francos.

Estas masacres, al ser a la vez una torpeza y una crueldad, sólo podían perjudicar a la causa revolucionaria. Si, pues, el sindicato extranjero fue realmente el instigador, la única explicación plausible nos parece la siguiente: quería desacreditar a los hombres que empezaban a ser demasiado poderosos y, al mismo tiempo, hacer que los moderados se sublevaran contra los jacobinos.

Es evidente que el rey de Inglaterra se debatía entre dos sentimientos: quería la caída de la monarquía francesa, pero temía el contagio de las ideas revolucionarias. En cualquier caso,

---

[468] *Recueil de Tuetey*, t. IV, 2911 y 2950.

[469] Madelin: *La Revolución Francesa*, p. 260

[470] Papeles del marqués Garnier. Declaración del ciudadano Jourdan, antiguo presidente del distrito de Petits-Augustins. Memorias de Montgaillard. Colección de memorias sobre la Revolución Francesa.

probablemente no deseaba la muerte de Luis XVI.

Pero Pitt fue despiadado: durante las negociaciones secretas con la Convención, Danton se declaró dispuesto a salvar al rey a cambio de un millón a repartir hábilmente entre sus colegas; Théodore Lameth transmitió la propuesta a Pitt, que se negó[471]. La sentencia se dictó antes de que los monárquicos tuvieran tiempo de reunir en otra parte la suma solicitada. Es imposible saber si William Pitt mantuvo la propuesta en secreto o se la comunicó a su soberano.

Talon, antiguo teniente criminal del Châtelet, hizo la siguiente declaración a Charles Lameth[472]: "Pitt quiere muerto al rey de Francia. Nada de lo que he podido expresarle le ha conmovido o sacudido. Danton garantiza la salvación de Luis XVI si Inglaterra está dispuesta a añadir dos millones a lo que el caballero Ocariz pueda disponer de[473]... Pitt quiere en Francia la contrapartida de Carlos Ier."

Talon repitió este testimonio ante el tribunal consular: Pitt y las potencias extranjeras se negaban a hacer los sacrificios financieros exigidos por Danton para salvar al rey.

Cuando Talon distribuía los fondos secretos de la monarquía, tomó a Danton a su servicio; el famoso tribuno le dio un pasaporte para emigrar[474].

El irlandés Thomas Whaley, que viajó a Francia durante la

---

[471] Lord Acton: *Conferencias sobre la Revolución Francesa*. Holland Rose: *Pitt*, p. 94.

[472] G. Rouanet: *Danton y la muerte de Luis XVI* (Annales révolutionnaires, enero-febrero de 1916).

[473] Ministro de España.

[474] MATHIEZ: *Danton et la mort du Roi* (Annales révolutionnaires, junio de 1922, p. 235-236).

Revolución, cuenta la siguiente anécdota en sus memorias:

"El 21 de enero, algunos de mis compatriotas entraron en el café y, con un aire de perfecta autosatisfacción, me mostraron sus pañuelos que habían obtenido permiso para mojar en la sangre del Rey.

El duque de Orleans había prometido formalmente a la señora Dalrymple Elliot no votar por la muerte de Luis XVI[475]. Es probable que se viera obligado a ello por la masonería; la vergüenza y el remordimiento que sintió por ello parecen haber sido la causa de su dimisión como Gran Maestre. Al abandonar la secta, Philippe Égalité perdió toda su influencia y fue marginado hasta ser procesado y guillotinado.

La monarquía borbónica había sido destruida; Inglaterra había ganado la primera parte. Burke sacó la siguiente conclusión de los acontecimientos: "Los franceses han derrocado su monarquía, su iglesia, su nobleza, sus leyes, su ejército, su marina, su comercio... Han hecho nuestro negocio mejor que veinte Ramillies"[476].

Tras la caída del trono de Luis XVI, el gobierno inglés no permaneció inactivo. Prueba de ello es el siguiente documento incautado por la policía francesa:

"El rey de Francia ha muerto; ¿qué nos importa a nosotros? Nuestro único objetivo es reducir Francia, destruirla, para que deje de ser una balanza en el equilibrio político...

"Hay que levantar diferentes partidos, dirigirlos todos, organizar la anarquía, etc..."

---

[475] Memorias de la Sra. Dalrymple Elliot, p. 37.

[476] STANHOPE; *William Pitt.*

Pero la muerte de Luis XVI supuso un giro de 180 grados en el plan del sindicato extranjero. El objetivo original de la Revolución se había alcanzado; el fuego encendido en París amenazaba ahora con extenderse por toda Europa. Al enterarse de la detención de Luis XVI en Varennes, el rey de Prusia ya había exclamado: "¡Qué terrible ejemplo!"[477]. En Inglaterra, los clubes revolucionarios seguían el modelo del nuestro; era imprudente fomentar nuevas ideas. Además, los ejércitos de la Convención estaban demostrando ser mucho más formidables de lo que Europa había previsto; y sin embargo, nuestros principales generales habían sido proscritos, Lafayette, Dillon, Dumouriez, Custine, Biron, Montesquieu, Valence, Houchard, Miaczinki, etc.

A partir de entonces, la política de Inglaterra tendió a disminuir la fuerza del partido republicano; en consecuencia, se dio la orden de favorecer no los complots jacobinos, sino los complots monárquicos y las insurrecciones de los Chouans y los Vendéens. Cuatro millones de euros fueron enviados a Lyon con el mismo fin por el gabinete de Londres.

Según Barbaroux, el plan de Pitt consistía en restaurar la monarquía en el norte, dejando el sur de Francia como república. Entonces ayudaría a la república del sur a luchar contra la monarquía del norte[478].

Entre los esfuerzos que había que alentar figuraba evidentemente la conspiración de Jean de Batz. Las sumas gastadas por este extraordinario personaje parecen demasiado elevadas para proceder únicamente de su fortuna personal y, en el momento de la muerte de Luis XVI, las arcas monárquicas no estaban muy bien provistas. Dado que los banqueros ingleses Boyd y Kerr figuraban entre los agentes de Jean de Batz, cabe

---

[477] *Archivos de Asuntos Exteriores,* Berlín, v. 212.

[478] *Archivos nacionales,* A. F" 45.

suponer que fueron los intermediarios de los anticipos concedidos por el gobierno británico para luchar contra la Convención. He aquí, según los archivos nacionales[479] , la lista de los principales agentes del célebre conspirador:

Proli.

Pereira.

Desfieux, comerciante de vinos.

Dufourny de Villiers, administrador de poudres et salpêtres.

Gusman.

Guyot Desherbiers, juez del Tribunal Civil.

Lullier, fiscal.

Noël, Comisario.

Varlet, Fournerot, Chapelle, apaches.

Burlandeux, policía.

Frei, banquero judío.

Gauge, corredor de bolsa.

Benoist.

Boyd.

Kerr.

Dulac,

Dossonville,   agentes   de policía.

Marino,

Peligroso,

Soulès,

Frialdad,

---

[479] *Id. en* F. 7, 4774, 67.

El gabinete de Viena parece haber tenido exactamente el mismo plan que Jean de Batz. Las confidencias de Hefflinger y la correspondencia de Jeanneret, el agente diplomático, lo confirman[480].

Una vez en el poder, los líderes de la Revolución parecen sorprendidos por su éxito e inmediatamente muestran un gran desconcierto. En palabras de Joseph de Maistre, no dirigieron los acontecimientos, sino que fueron dirigidos por ellos. "Hay algo pasivo y mecánico en las figuras aparentemente más activas de la Revolución. Hombres mediocres como Robespierre, Collot d'Herbois o Billaut Varennes eran los más asombrados por su poder"[481].

¿No es siempre la mano invisible cuya acción señalamos?

Con el gobierno revolucionario camino de la bancarrota, los ministros ingleses hicieron instalar fábricas de asignados falsos para precipitar el pánico financiero. Este hecho, comunicado por nuestros agentes diplomáticos[482], fue denunciado por Sheridan en la Cámara de los Comunes (sesión del 18 de marzo de 1793).

La diplomacia de Pitt había armado a la mayoría de las potencias de Europa contra Francia al tiempo que observaba una aparente neutralidad: eso era actuar con habilidad. - Pero tras la ejecución de Luis XVI, el gobierno británico obligó a nuestro embajador a entregar sus pasaportes. La Convención vaciló al principio en responder a este insulto con una declaración de guerra. Luego, si hemos de creer a Maret (futuro duque de Bassano), varios altos cargos, después de haber jugado la partida

---

[480] Véase el capítulo X.

[481] J. de Maistre: *Consideraciones sobre Francia,* p. 10.

[482] *Foreign Office Archives,* Londres, suplemento, v. 15. Informe sobre el mensaje del Gabinete británico.

al límite, rompieron definitivamente con Inglaterra[483].

Al estallar las hostilidades, los ingleses residentes en Francia se disponían a marcharse, cuando el Ministerio británico les invitó a permanecer en el continente, a menos que se les concediera un permiso especial: ¡eran demasiado útiles! Los Convencionalistas estaban tan en la mano de Inglaterra que al principio no se opusieron. Pero hubo tantas denuncias contra los ingleses y los miembros del gobierno sobornados por ellos que se hizo difícil hacer la vista gorda: el 19 de octubre de 1793, la Convención votó la detención de todos los extranjeros cuyos gobiernos estuvieran en guerra con Francia.

No obstante, Robespierre pidió que se hicieran excepciones debido a que "cierto número de ellos ocupaban cargos públicos con honor"[484].

Este decreto dificultó mucho la tarea del sindicato anglo-prusiano. Pero algunos buenos agentes secretos pudieron seguir haciendo favores a los políticos franceses.

Las acciones de Prusia parecen haber pasado desapercibidas en París; además, Ephraim y Cloots no habían sido sustituidos. Por otra parte, Barère y Camille Desmoulins denunciaron repetidamente a Inglaterra: en su informe del 6 de marzo de 1793, Barère repitió que Pitt había sobornado los disturbios en Francia; añadió que no deseaba hacer más revelaciones[485]. Esto no era un misterio para nadie. Por ello, Garnier propuso que la Convención decretara que todo el mundo tenía derecho a asesinar a Pitt. Pero la Asamblea se contentó con decretar que Pitt era "el enemigo del

---

[483] Correspondencia de W. A. Miles, p. 86.

[484] Hamel: *Histoire de Robespierre*, t. III, p. 189.

[485] Véase entre otros: BLIARD: *Les Conventionnels régicides*, p. 143 y ss.

género humano"[486]. El ministro inglés no parece haberse conmovido de otro modo.

Antes de la proscripción de los extranjeros, ocho o diez ingleses "colaboraban y dirigían a los jacobinos"[487].

¿Era cuestión de votar? Tan pocos votantes se atrevieron a acudir a las urnas que las votaciones fueron fáciles de cambiar. Los moderados no participaron en la votación; así, la proporción de abstenciones en la elección del Consejo General de la Comuna de París fue del 95%. El número de votantes en la elección del Alcalde de París fue del 71,5%. En estas condiciones, los votos no cuestan mucho de comprar. En cuanto al público de las tribunas, que representa la opinión del pueblo, hemos dado las cifras de sus sueldos.

No hemos podido descubrir qué fue de los ocho o diez ingleses mencionados por Lord Auckland después del decreto contra los extranjeros. El único cuyo nombre ha sido admitido es Auguste Rose, señalado como uno de los "diez supervisores de la Convención"[488].

Es probable que Fox estuviera en contacto permanente con los jacobinos. Por ejemplo, cuando la Sra. Elliot, amiga de Philippe Égalité, fue detenida, el Tribunal Revolucionario la acusó de mantener correspondencia con Fox. Ella respondió: "¿No es el señor Fox amigo del Comité de Vigilancia?"[489].

En la acusación de los hebertistas leemos: "El gobierno inglés

---

[486] Buchez y Roux: *Historia parlamentaria*, tomo XXXVIII. *Moniteur* du 9 août 1793.

[487] Papers of Lord Auckland, 4 de septiembre de 1792.

[488] ALGER: *Los ingleses en la Revolución Francesa*, p. 195 y ss.

[489] Memorias del Sr.me Dalrymple Elliot, p. 127. Duchesse de Brissac: *Páginas oscuras*.

y las potencias de la coalición son los líderes de esta conspiración[490].

Un informe de Barère afirma que "los ingleses tienen, de Dunkerque a Bayona y de Bergues a Estrasburgo, corruptores secretos y oficiales de inteligencia en las guarniciones"[491].

Robespierre luchó sin cesar contra Inglaterra, denunciando las acciones de Pitt y proscribiendo indiscriminadamente a todos los ciudadanos sospechosos de pactar con extranjeros. Se estaba volviendo demasiado poderoso y molesto; la coalición anglo-alemana intentó derrocarle y alentó el movimiento reaccionario del 9 Thermidor. Fue el inglés A. Rose el encargado de llevar prisionero a Robespierre al Comité de Salut Public.

La mano del extranjero todavía se encuentra en los desórdenes conocidos como el Terror Blanco. Sin duda, cierto número de monárquicos querían vengar a sus parientes y amigos guillotinados, pero en muchos lugares los revoltosos eran los mismos revolucionarios que antes masacraban monárquicos en nombre de la república, y que ahora masacraban republicanos, pretendiendo ser termidorianos[492]. Indudablemente tenían un motivo para actuar así; ¿no es natural suponer que ese motivo no era otro que el sueldo habitual de los amotinados?

Tras las victorias de los ejércitos republicanos, la emigración había depositado sus esperanzas en las conspiraciones urdidas por los agentes, "la mayoría de los cuales son pagados generosamente con fondos ingleses"[493].

---

[490] Buchez et Roux, t. XXXI, p. 364.

[491] Buchez et Roux, t. XXXIII, p. 118.

[492] Véase Buchez y Roux: *Histoire parlementaire*, t. XXXVI, p. 411.

[493] Trudeau Dangin: *Monárquicos y republicanos*.

Cuando, a la muerte de Luis XVII, los emigrados proclamaron rey al Conde de Provenza (24 de junio de 1795), William Pitt le envió un embajador secreto, lord Macartney. Se dice que el apoyo del gabinete británico se había ofrecido en 1789 al duque de Orleans a cambio de nuestras colonias; se ofreció en 1796 al conde de Provenza, de nuevo a cambio de nuestras colonias, y también a condición de una rectificación de las fronteras en los Países Bajos. Luis XVIII se indignó y se apresuró a publicar la declaración de Verona para cortar en seco las intrigas de Pitt. Su rectitud le privó de una poderosa ayuda. Como observó Hyde de Neuville, el juego del gobierno británico consistía en "mantener en jaque a la república, mantener la resistencia lo justo para prolongarla, pero no ayudarla con la eficacia suficiente para hacerla victoriosa"[494].

En 1795, los agentes del gabinete londinense se jactaban de poder deshacerse de los anarquistas, organizar "jornadas" y sacar provecho de ellas[495]. Como no siempre estaban de acuerdo con los agentes de los Príncipes, que los desbarataban y a veces los denunciaban, el gobierno inglés se vengó de ellos en Bretaña.

En los recuerdos de un emigrado (Comte de Coetlogon) publicados recientemente por la *Revue hebdomadaire* [496], leemos: "Vi claramente que Inglaterra y los demás reyes de Europa sólo querían prolongar los problemas de Francia y esperar el momento favorable en que sus convulsiones la hubieran debilitado, para poder desmembrarla más fácilmente".

Durante toda la Revolución, los emigrados fueron los incautos de Inglaterra. No me costó trabajo -dijo Hoche- convencer a Cormatin de que los chouans, los vendéens y los emigrados habían sido engañados por la coalición y, en particular, por

---

[494] Memorias de Hyde de Neuville, p. 242.

[495] Sorel: *L'Europe et la Révolution Française,* vol. IV, p. 350.

[496] 12 de agosto de 1922, p. 225.

Inglaterra"[497].

Vaudreuil intentó en vano abrir los ojos del conde de Artois: "Le veo -escribió al príncipe- todavía engañado por las seguridades de Pitt, y eso me angustia. No puedo creer en la ayuda del hombre más interesado en nuestra pérdida y a quien sigo creyendo el principal artífice de ella"[498].

La deplorable inercia de los Príncipes mientras sus partisanos eran asesinados en Bretaña y la Vendée ha sido criticada con cierta justificación. Pero hay que admitir que Inglaterra fue la principal responsable.

A veces el gabinete de Londres se oponía francamente al desembarco del conde de Provenza y del conde de Artois en la costa francesa, a veces encontraba pretextos para retrasar la operación de semana en semana. De vez en cuando, consideraba la vida del pretendiente demasiado preciosa para exponerla en Bretaña. Entonces, después de haber prometido un ejército, se limitó a enviar falsos asignados a la Vendée.

Napoleón Ier expresó la siguiente opinión al respecto: "Si la política inglesa hubiera permitido que un príncipe francés tomara el control de la Vendée, habría sido el fin del Directorio"[499].

Además, de una confesión de Napoleón al general d'Andigné (el 27 de diciembre de 1799) se desprende que, en este caso, habría restablecido la realeza: "si los príncipes hubieran estado en la Vendée, habría trabajado para ellos"[500].

---

[497] H. WELSCHINGER: *Le Baron de Cormatin*, p. 44.

[498] Correspondencia de Vaudreuil, 3 de julio de 1790.

[499] *Mémorial de Sainte-Hélène*. Memorias de Hyde de Neuville, p. 234.

[500] H. WELSCHINGER: *Le Baron de Cormatin*, p. 32.

Mi inactividad", escribió el Conde de Provenza al Duque de Harcourt, "da a mis enemigos la oportunidad de calumniarme. Incluso me expone a juicios desfavorables de quienes me han permanecido leales, juicios que no puedo calificar de temerarios, ya que quienes los emiten no están instruidos en la verdad"[501].

M. Gautherot, en una interesante obra sobre *la Epopeya de la Vendée,* da detalles precisos de la duplicidad del gobierno inglés hacia los realistas franceses. En ciertos momentos, se prohibió a los pilotos, bajo pena de muerte, llevar a Francia a los emigrantes que deseaban unirse a los Vendéens.

Por su parte, Austria también se esforzó por frustrar los esfuerzos de Luis XVIII: cuando el pretendiente se puso al frente de los emigrados, la corte de Viena le informó de que si no abandonaba el ejército inmediatamente, se tomarían medidas para obligarle a hacerlo[502].

Lord Grenville le dijo a Earl Stadion:

"Damos a todos los partidos franceses esperanzas que no nos comprometen a nada, para mantener y fomentar el malestar interno".

Bajo el Directorio, el agente inglés Wickham centralizó en Basilea la correspondencia con los monárquicos de toda Francia. Les ayudaba en sus conspiraciones, contando con mucho celo y dinero para atraer a miembros del gobierno al partido monárquico[503]. Pero a veces creía haberlos comprado, y ocurría que intermediarios sospechosos se embolsaban el oro inglés y no

---

[501] L. Sciout: *Le Directoire,* t. I, p. 332 y ss. Véase también la correspondencia diplomática publicada al final de este volumen (Pièces justificatives, p. 276).

[502] E. DAUDET: *Les Bourbons et la Russie pendant l'émigration,* p. 62.

[503] Lebon: *L'Angleterre et l'émigration,* Prefacio, p. 25.

volvían a aparecer.

El Directorio consiguió que Wickham fuera expulsado de Suiza en 1797, pero Talbot no tardó en sustituirle. Un crédito de 1.250.000 francos, abierto por Wickham a los conspiradores monárquicos, no había sido tocado, para gran asombro de Inglaterra. Se ordenó a Talbot que mantuviera un millón a su disposición. Sin embargo, Poteratz, el agente diplomático en Basilea, continuó señalando la tortuosa conducta de Inglaterra hacia los emigrados "a quienes apoyó mientras parecieron útiles a sus designios y a quienes sacrificó en Quiberon y en Alemania"[504].

Ya hemos llamado la atención sobre la relación secreta entre el Angle terre y nuestra diplomacia. Después de Duroveray, el espía Baldwin se incorporó oficialmente al Ministerio de Asuntos Exteriores en 1791. El nombramiento de Reinhardt bajo el Directorio fue una prueba más de "la ascendencia de la corte de Londres sobre la dirección de nuestra diplomacia"[505]. Reinhardt, hijo de un pastor alemán, era un hombre de talento.

A finales de 1796, el gobierno británico aconseja a los vandeanos y bretones que guarden silencio porque se dispone a celebrar elecciones en Francia comprando al electorado[506]. Pero al descubrirse el complot de Brottier, los agentes británicos aconsejaron a su gobierno que esperara a que se desarrollaran los acontecimientos.

Los cambios introducidos en los planes del gabinete de Londres bajo el Directorio no impidieron que la influencia inglesa se ejerciera en París con tanto éxito como lo había hecho

[504] *Archivos de Asuntos Exteriores*, Viena, v. 365.

[505] *Journal des hommes libres.* P. Masson: *Le département des Affaires étrangères pendant la Révolution*, p. 435.

[506] Lebon: *L'Angleterre et l'émigration*, p. 215.

bajo la Convención. En una ocasión, W. Pitt fue informado en secreto de que "Talleyrand podrá satisfacer a Inglaterra si se paga una suma suficiente a Barras, Rewbell y su camarilla"[507]. En otra ocasión, fue Barras quien fue advertido de la traición de un miembro del gobierno. "Los planes e instrucciones del Directorio eran comunicados regularmente a Pitt"[508]. Thauvenay, agente y amigo del Conde de Provenza, informó a d'Avaray que Lord Fitz-Gerald mantenía correspondencia criminal con el Directorio a través de Hamburgo. -

A pesar de las leyes contra los extranjeros, los agentes ingleses siguieron pululando por París. Por ejemplo, durante la famosa fuga de Sidney Smith en 1798, la falsa orden de liberación del Ministerio de Marina fue llevada a la prisión por el escocés Keith, de Harris House, por encargo de Boyd[509].

Al principio del Consulado, había más de cinco mil ingleses en París, entre ellos Fox, Rolland, Fitz-Gerald y Spencer. Al reabrirse las logias masónicas, poco a poco los ingleses comenzaron a acudir a ellas. Sólo la logia de Douai contaba con un centenar de británicos[510].

El Sr. L. Madelin, en una interesante conferencia sobre Fouché[511], mencionó recientemente una red de agencias inglesas que cubría toda Europa a principios del Imperio. La de Burdeos seguía existiendo en 1814, y cuando las tropas inglesas de Wellington entraron en la ciudad, Madelin nos dice que allí se

---

[507] Holland Rose: *William Pitt*, p. 325.

[508] *Mémoires de Barras*, t. II. (Algunos autores sospechan que estas memorias son apócrifas, por lo que las citamos con reservas).

[509] *Quince años en la fuerza.*

[510] La mayoría de ellos eran prisioneros de guerra, muchos de los cuales escaparon gracias a la complicidad de los francmasones franceses.

[511] Véase la *Revue Française* del 14 de junio de 1914.

sintieron "como en casa".

En resumen, el objetivo del sindicato extranjero se alcanzó en Francia al final del Directorio: la anarquía parecía definitiva, la religión católica parecía destruida y Francia, arruinada y desorganizada, ya no podía desempeñar ningún papel en Europa.

Pero, con toda su habilidad, el gobierno británico fue incapaz de impedir el Dieciocho Brumario. No había comprendido que al sembrar la anarquía estaba preparando la dictadura.

Así, al deshacerse de un adversario pacífico, Inglaterra contribuyó involuntariamente a llevar al trono a su más formidable enemigo. El pueblo francés, que se había rebelado contra la deshonesta autoridad de Luis XVI, aceptó felizmente la tiranía de Napoleón Ier. Los demagogos se convirtieron en los cortesanos llanos del poder absoluto; y Europa se asombró al ver a la nación francesa levantarse de sus ruinas para volar de victoria en victoria.

DOCUMENTOS JUSTIFICATIVOS

Documentos diplomáticos relativos a la acción inglesa en Francia al principio de la Revolución

1er de julio de 1789. - *Versalles:*

"... Se rumorea públicamente que Inglaterra está sobornando a un número considerable de agentes para crear problemas...".

2 de julio. -...persistimos en creer que son sólo los ingleses quienes agitan al pueblo...

3 de julio. -... Siempre se sospecha que los ingleses tienen aquí agentes secretos que reparten dinero...".[512]

13 de agosto. - *Versalles:* (*M. de Montmorin al ministro francés en Berlín*).

"... Las relaciones que existen entre Inglaterra y Prusia con respecto a nuestros asuntos internos y la conferencia que se celebró en Potsdam refuerzan nuestras sospechas con respecto a estas dos potencias....

No podemos considerar una calumnia lo que se dice sobre sus actividades secretas...

---

[512] *Archives des Affaires étrangères,* Francia, c. 1405. (Boletines relativos a los acontecimientos desde la apertura de los Estados Generales hasta el 15 de julio, enviados por el Ministerio a sus agentes diplomáticos).

El Rey le recomienda especialmente que haga todo lo que esté en su mano para averiguar qué ocurrió en la misteriosa conferencia de la que informa... Tenemos razones para creer que Holanda participa en la conspiración de los tribunales de Londres y Berlín...".[513]

20 de junio. - *Berlín: (El Conde de Esterno a M. de Montmorin.)*

... "Todos los que tienen acceso al rey de Prusia están vendidos a Inglaterra. La condesa de Bruhl, esposa del gobernador del Príncipe Real, es inglesa y fanática en el amor a su país y en el odio a Francia... El médico de la corte, hombre de gran ingenio, es inglés...".[514]

31 de Julio. - *Londres: (M. de La Luzerne al Ministro.)*

... "El duque de Leeds me dijo ayer con aire de afectada tristeza que se había sentido muy afligido al leer en un despacho del duque de Dorset que un miembro de los Estados Generales había hecho saber que una nación vecina y rival parecía haber repartido dinero entre el pueblo durante los recientes disturbios... He tratado de persuadir al duque de Leeds de que estamos muy tranquilos a este respecto. Pero, en verdad, no podemos estar demasiado atentos a la conducta de los ingleses, que sin duda será tan disimulada como interesada.

3 de agosto. - *Versalles: (M. de Montmorin a M. de La Luzerne.)*

"Los ingleses han sido violentamente sospechosos de esparcir dinero entre el pueblo de París con la intención de agitarlo... Me abstengo de acusar al ministerio inglés porque no tengo pruebas

---

[513] *Archivos de Asuntos Exteriores.* Correspondencia de Berlín, 1789.

[514] *Id.*

contra ellos y es tanto más difícil adquirirlas cuanto que la policía ya no existe, pero lo que es seguro es que el dinero se ha esparcido con la mayor profusión entre los soldados así como entre el pueblo... Le ruego que dirija su atención a este asunto. Como muchos ingleses están regresando a sus casas huyendo del tumulto, es posible que haya algún indiscreto que al menos pueda aportar alguna pista."

10 de agosto. - *Versalles:*

"No puedo recomendarles lo suficiente que se mantengan extremadamente vigilantes sobre el papel más o menos activo que los ingleses podrían desempeñar en nuestros problemas internos"[515].

14 de agosto. - *Londres:* (*M. de La Luzerne a M. de Montmorin.*)

El comienzo de la carta expone la convicción de que los disturbios de París fueron fomentados por el duque de Dorset:

... "No tengo forma de averiguar si realmente utilizó tanto dinero como se cree en París para corromper a las tropas y seducir al pueblo. Pero lo que sí puedo asegurar es que en cuanto se ordenó a las tropas acercarse a París, y mucho antes de su llegada, Dorset aseguró a su corte que estas tropas se declararían por el pueblo con preferencia al Rey. Este espíritu profético nos hace creer que disponía de datos extremadamente positivos y es difícil imaginar cómo pudo adquirirlos si él mismo no hubiera entrado en esta intriga infernal"[516]:

27 de septiembre de 1789. - *Londres: (Barthélemy a M. de*

---

[515] Al final de la carta se recomienda vigilar las relaciones entre los franceses de Londres y el Ministerio inglés.

[516] Correspondencia desde Londres, v. 570.

Montmorin.)

... "El rey de Inglaterra odia a Francia y desea nuestras disensiones para vengarse de él por la guerra de América...".

23 de noviembre. - *Londres: (M. de La Luzerne a M. de Montmorin.)*

... "Estoy tratando de averiguar si, en lugar de hablar con los ministros ingleses sobre los asuntos de los Países Bajos, el duque de Orleans no consultaría con ellos para suscitar nuevos problemas en Francia..., -pero no creo que el Rey o el señor Pitt apoyen a un príncipe de sangre contra el Rey. Tienen una opinión tan baja del Duque de Orleans, lo creen tan inadecuado para ser el líder de un partido, que ciertamente no mezclarán sus asuntos con los de él. No puedo decirle hasta qué punto la llegada de este Príncipe ha hecho que los ingleses de todas las clases tengan una mala opinión de él...

Hago seguir a Laclos. Escribe casi todo el día y recibe muchas cartas de Francia...

Calonne ve en secreto al Duque de Orleans y a Duroveray...

26 de noviembre. -... Se sospecha que Drumond pasa dinero a Hopp en Amsterdam para distribuirlo en París. "Hay dos ingleses en París, uno llamado Danton[517] y el otro Parc, de quienes algunos sospechan que son los agentes más privados del gobierno inglés...

---

[517] Frente al nombre de Danton, en el margen de la carta, figuran las palabras: "Président du district des Cordeliers". Pero esta nota a lápiz tiene una letra diferente de las del Sr. de La Luzerne y del Sr. de Montmorin. Dudando de su autenticidad, la citamos para que conste.

La Srta. Boulard, camarera de la Reina, es la espía del Duque.

Las tres personas más cercanas al duque son Pitra, Paris y el abate Fauchet. También tiene mucha confianza en un hombre llamado Forth que en su día fue enviado a París por el gobierno inglés. Este Forth ve a menudo al Sr. Pitt"[518].

Una carta fechada el 18 de diciembre menciona la partida de Forth, "probablemente a París".

Ier Enero de 1790. -... "El duque de Orleans, que pasa todo el día en casa de Mme de Buffon, es invisible todo el día. Cuando viene a verme, me habla de asuntos generales y nunca de sus visitas al ministro inglés, que sé que son muy frecuentes"...

3 de enero. -... "Forth regresó muy insatisfecho de su misión".

16 de julio. - Los ingleses esperaban graves desórdenes el 14 de julio... ".El Príncipe de Gales instó encarecidamente al Duque a regresar a París en esa fecha...".[519]

5 de enero de 1791. - Una carta de Barthélemy indica el ferviente deseo de Inglaterra de que empeoren las dificultades internas en Francia.

5 de abril. - Tras una conversación con el rey de Inglaterra, M. de La Luzerne resume su impresión: "Mientras nos encontremos en una situación en la que no podamos interferir en los asuntos europeos y, sobre todo, no podamos competir con el comercio de Inglaterra, no nos preocuparemos. Pero tan pronto como nuestro Gobierno recupere fuerza y vigor, podemos contar con que no habrá intrigas, ni medios abiertos o tortuosos que esta gente no emplee para retrasar nuestro progreso y hundirnos de

---

[518] Correspondencia desde Londres, v. 571 (envío cifrado).

[519] London Corr., v. 574.

nuevo, si pueden, en el abismo en el que ahora nos encontramos[520].

2 de septiembre. - *Barthélemy a M. de Montmorin:*

"El día de su partida, M. de Mercy me dijo: "Siempre he sido de la opinión de que Inglaterra tenía algo que ver en todas las desgraciadas divisiones de su país. Me voy de aquí más convencido que nunca de esta triste verdad, y de que, contra los intereses de todas las demás potencias que desearían ver a Francia recobrar su acostumbrada fuerza, Inglaterra seguirá tratando de minarla subrepticiamente para provocar su ruina total"...

M. de Mercy admite que ha habido comunicaciones entre las principales potencias de Europa sobre el tema de nuestros asuntos; la concertación es imposible, especialmente a causa de las opiniones secretas de Inglaterra...

Un ministro de Asuntos Exteriores preguntó a lord Dover, capitán de la Guardia Real, qué sistema creía que seguiría Inglaterra respecto a Francia: "En la época de nuestras guerras civiles", respondió, "¿apoyó Francia al partido monárquico en nuestro país?"[521]...

2 de diciembre. - M. de Worontzof se irrita por la ceguera de Rusia y España, que no ven las actividades de Inglaterra en Francia:

"A Inglaterra le conviene que una larga anarquía impida el regreso de cualquier gobierno a Francia. Si ha impedido que el Landgrave de Hesse entregue tropas a los príncipes franceses, es para que su partido no se imponga sólidamente; pero, por otra

---

[520] London Corr. v. 577.

[521] London Corr., v. 579.

parte, les anima vivamente a entrar en Francia con las armas en la mano...".

30 de diciembre. -... " El Rey de Inglaterra protesta contra las acusaciones de personas malintencionadas que se toman la libertad de atribuir nuestros problemas a Inglaterra. Lord Granville repite lo mismo... Pitt ha tenido la habilidad de actuar sólo subrepticia y secretamente en todas sus actividades contra nosotros...".[522]

Informe de Saint-Just al Comité de Seguridad Pública. - 25ᵉ día de 1ᵉʳ... mes del año II:

... " Los ingleses parecían pensar que la mejor manera de hacer la guerra a una República naciente era más bien corromperla que combatirla...".[523]

Pluviôse, año II (sin firmar):

... " Es el gobierno inglés el que intriga en París, asesina a los patriotas y falsifica la moneda natural...".[524]

22 de marzo de 1793. -... " No se puede dudar de que hay en París un gran número de espías ingleses: I° Casi todos los corresponsales de los periódicos de Londres... 2° Estos personajes a los que se ve aparecer y desaparecer cada semana alternativamente en París y en Londres. El más notable es el capitán Frazer, escocés... 3° Los tres superiores irlandeses Walsh, Keruy y Mahew... 4° En los cafés se encuentra un gran número de ingleses cuyos comentarios revelan, si no un complot formal contra el sistema de libertad e igualdad, al menos un ardiente

---

[522] London Corr., v. 579.

[523] London Corr., v. 588.

[524] *Id.*

deseo de verlo destruido...".

Mayo de 1793. - *Ducher al Ministro de Asuntos Exteriores:*

... " Desde hace diez años, el Ministerio británico empeña en Francia a los economistas, esa secta tan preconizada por los banqueros ingleses, holandeses y ginebrinos, que se enriquecen con los efectos de su doctrina...".[525]

17 Floréal, año II. - *Buchot al Ministro: Amsterdam* -... " Los Comités deben emplear toda su vigilancia para impedir los complots dirigidos desde Londres contra ellos mismos y particularmente contra Robespierre. Pitt prodiga su oro en esto...".

19 Thermidor, año II. - *Bucher, comisario de relaciones exteriores en Basilea, al ministro:*

"La Convención de Pillnitz y todos los acuerdos posteriores se deben al oro de Inglaterra...".[526]

9 Vendémiaire, año III. - *Druy, agente secreto, al ministro:*

Londres. -... " Hacer desaparecer a Pitt o hacer caer su cabeza, ese debe ser el deseo de todo buen francés. No le instaré a dar el menor paso para destruir la de Jorge, ya que pronto no le quedará ninguna...

"Los mejores agentes de Pitt están en París...".

Año IV (sin firma). - *Informe sobre el mensaje del Gabinete*

---

[525] London Cor., v. 587.

[526] Berlin Corr., v. 213.

británico:

... " Las insurrecciones de Lyon, Toulon y Marsella, las guerras civiles, las continuas incursiones de los emigrados en nuestras costas, todo es obra de Pitt... Para alimentar esta guerra intestina, ¿no tuvo la audacia de montar una fábrica de asignados falsos? Os pongo la prueba...".[527]

15 de diciembre de 1795. - *Poteratz al ministro: Basilea. -*... " Recordad la execrable conducta del gobierno inglés para con nosotros desde el comienzo de la Revolución... fomentando a fuerza de intrigas y de dinero problemas en todos los puntos de vuestro interior, para con los emigrados a los que alentó y apoyó mientras parecieron útiles a sus designios, a los que ha sacrificado desde entonces, ya sea en Quiberon o en Alemania, y a los que acabará abandonando en cuanto dejen de serle necesarios para perjudicarnos...; con los Chouans y la Vendée a los que a propósito sólo proporciona grandes promesas y medias tintas... con los chuanes y la Vendée, a quienes a propósito sólo proporciona grandes promesas y un apoyo a medias...".[528]

La condena de Luis XVI
por la masonería

Varios historiadores afirman que la Revolución Francesa y la muerte de Luis XVI se decidieron en Alemania, en los conventos masónicos de Ingolstadt y Fráncfort.

La opinión de Barruel sobre este punto es confirmada por

---

[527] London Corr., suplemento, v. 15.

[528] Viena Corr., v. 362.

Cadet de Gassicourt, antiguo francmasón[529]. Varios miembros de la secta han hecho declaraciones formales en este sentido, entre ellos los MM. de Raymond, Bouligny y Jean Debry. Se dice que abandonaron la francmasonería en esta ocasión.

Una reciente polémica en *el Intermédiaire des chercheurs et des curieux* puso en duda estas afirmaciones, basándose en el hecho siguiente: Se dice que los señores de Raymond, de Bouligny y Jean Debry siguieron siendo francmasones; por lo tanto, no abandonaron con indignación la Sociedad Secreta que decidió la muerte del rey de Suecia y del rey de Francia. Concluimos de esto que todos sus relatos son sospechosos.

A esto es fácil responder que el destino del Sr. de Wal puede haberles hecho reflexionar: el Sr. de Wal se permitió divulgar los proyectos masónicos cuya violencia condenaba. Desapareció poco después y su cuerpo apareció enterrado en el bosque de Fontainebleau. Por lo tanto, fue muy imprudente romper ostensiblemente con la masonería. Esta es la razón por la que los señores de Raymond y de Bouligny no hablaron hasta su lecho de muerte.

¿No podían suponer también que, permaneciendo en la secta, podrían orientarla hacia ideas más moderadas y oponerse a decisiones violentas? Al marcharse, por el contrario, perdían todo medio de acción y permanecían a oscuras sobre los acontecimientos que se preparaban entre bastidores.

El conde Costa de Beauregard cuenta que el conde de Virieu se retiró de la masonería cuando se dio cuenta de que la secta tenía tres objetivos: "la ruina de la religión, la deshonra de la reina y la muerte del rey". M. Gustave Bord objeta que es

---

[529] La tumba de Jacques Molai. Véase también: Deschamps: *Les sociétés secrètes*, t. II, p. 134 y ss. G. GAUTHEROT: *Histoire de l'Assemblée Constituante*, cap. II. De LANNOY: *La Révolution préparée par la Franc-maçonnerie*, p. 99 ss, etc.

"*probablemente*" sobre la base de la afirmación de Barruel que M. Costa de Beauregard da este relato, etc.". ¿Por qué habría de serlo según la afirmación de Barruel? Las familias de Virieu y Costa de Beauregard eran aliadas y vivían en el mismo país. No es de extrañar que los Costa recibieran las confidencias de M. de Virieu. Además, Barruel era sospechoso de exagerar, pero no de mentir.

Otro argumento es la confesión que el padre Abel oyó de su abuelo: éste declaró que se arrepentía de su voto regicida en el convento de Alemania que decidió la muerte de Luis XVI. La objeción es que se trata de un testimonio verbal dado por un hombre de ochenta años. ¿Desde cuándo ya no aceptamos el testimonio verbal de hombres de ochenta años? Les dejamos dirigir un Estado y desencadenar la guerra. Si el Sr. Abel hubiera sido un niño, ¿su familia habría divulgado su testimonio? No estaban en absoluto orgullosos del papel que desempeñó. Además, si no creemos la palabra de un anciano, ¿tendría más valor su testimonio *escrito*?

Nos parece, pues, que la cuestión sigue abierta, y nos gustaría que prosiguieran los debates *del Intermédiaire des chercheurs et des curieux*.

En cuanto al informe Haugwitz, creemos que aún no ha sido refutado. Y se trata de un documento oficial de un antiguo francmasón, confidente del rey de Prusia, que afirma la condena de Luis XVI en 1784. En cuanto a Gustavo III, los archivos judiciales de Berlín contienen (según los Sres. E. Faligant y Deschamps) la prueba de su condena por los Illuminati. El conde de Haugwitz, retirado de la masonería, declaró que Luis XVI también había sido condenado cuatro o cinco años antes de la Revolución Francesa. Este testimonio del Sr. de Haugwitz nunca ha sido desmentido. Encargado por el rey de Prusia de un informe sobre las sociedades secretas, escribió [530] : "La Revolución Francesa y el regicidio fueron resueltos por la masonería"[531].

Extranjeros en la lista de miembros del Club Jacobino en 1790[532]

Alexandre (inglés).

Abbéma (neerlandés).

Bidermann (Suiza).

Bitaubé (prusiano).

Cabarru (español).

Cavalcanti (italiano).

Clavière (Suiza).

Cloots (prusiano).

Doppet (italiano).

Desfieux (belga).

Dufourny (italiano).

Erdmann (...).

Ferguson (inglés).

Fitz Gerald (inglés).

---

[530] *Dorrows Danksehriften*, v. IV, pp. 211-221.

[531] Merece la pena recordar cómo valoró la condena de Luis XVI un hombre ilustre al que la República ha erigido estatuas, Ernest Renan: "El asesinato del 21 de enero es el acto más espantoso de materialismo, la profesión más vergonzosa que jamás se haya hecho de ingratitud y bajeza, de vulgar villanía y olvido del pasado" (*La Monarchie Constitutionnelle en France*).

[532] Véase Aulard: *Le Club des Jacobins*, etc.

Fockedey (inglés).

Fougolis (...).

Gorani (italiano).

Halem (...).

De Hesse (alemán).

Keith (inglés).

Klispich (...).

La Harpe (Suiza).

Loen (...).

Miles (inglés).

Oelsner (alemán).

Pio (italiano).

Schlabrendorf (prusiano).

Schsvatv (...).

Van den Yver (neerlandés).

Van Praet (belga).

Arthur Young (inglés).

Extranjeros sospechosos

Tocino.

Bolas.

Charke.

Coitam.

Hanker.

Hovelt.

Kauffmann.

Knapen.

Mendosa.

Mermilliod.

Oelsner.

Pulcherberg.

Raek.

Schluter.

Schnutz.

Sigri.

Stourm.

Walwein, etc.

CONGRESO DE FILALÈTHES (1785-1787)

La logia Amis Réunis (Philalèthes), presidida por Savalette de Lange, desempeñó un papel importante en los preparativos de la Revolución Francesa. Su sede estaba en el número 37 de la rue de la Sourdière.

En 1785, los Filaleteos convocan un Congreso en París con el pretexto de debatir sobre la "ciencia masónica". Los informes publicados por el *Monde maçonnique* omiten, por supuesto, toda discusión política, e intentan demostrar que durante dieciocho meses los Philalèthes se limitaron a intercambiar reflexiones banales[533]. Las únicas páginas interesantes son las discusiones con Cagliostro, que entonces presidía la logia madre del rito egipcio en el Oriente de Lyon, y se proclamaba muy superior a

---

[533] *El mundo masónico*, v. XIV y XV.

LOS AUTORES OCULTOS DE LA REVOLUCIÓN FRANCESA

los demás francmasones. Después de que le pidieran que aceptara la invitación de los Filaleteos, Cagliostro, para demostrar su poder, prometió hacerles ver a Dios "y a los espíritus intermediarios entre Dios y los hombres". Sin embargo, a cambio de este milagro, Cagliostro exigió que se destruyeran los archivos filaleteos (no hemos podido averiguar con qué fin).

Los Filaleteos rechazaron este sacrificio porque estaban preocupados por sus archivos, y algunos de ellos se preguntaron si Cagliostro no sería por casualidad un impostor. No obstante, se envió a Cagliostro una lista de los miembros del Convento para que eligiera a quienes considerara oportuno iniciar en el rito egipcio; se le pidió que diera preferencia a los extranjeros.

Al final, todo salió bien: los Filaleteos no quemaron sus archivos y Cagliostro no evocó a Dios ni a los ángeles en los locales de la rue de la Sourdière. Pero la Logia Madre del Rito Egipcio escribió que "el desconocido Gran Maestro de la verdadera masonería ha puesto sus ojos en los Filaleteos. Ha aceptado hacer brillar un rayo de luz en las tinieblas de su Templo". Los informes guardan silencio sobre este rayo de luz. Los masones a los que se comunicaron los procedimientos del Convento tuvieron que comprometerse por escrito y por su honor a guardar el más absoluto secreto.

En el segundo año del Congreso, el Doctor Stark escribió desde Darmstadt que el próximo Convento sería más peligroso que útil, y aconsejó a los Philalethes que dieran toda su confianza a Saint-Martin y Willermoz. Esta carta contradice los relatos oficiales, pues si los Filaleteos hablaban sólo de ciencia masónica, no podía ser peligroso reunirse, y no había razón para dar plenos poderes a dos de ellos. Es difícil saber si Saint-Martin y Willermoz eran los representantes oficiales de la masonería extranjera o si el doctor Stark expresaba una opinión personal. Sea como fuere, el Congreso se disolvió el 8 de junio de 1787, y sus misteriosos trabajos fueron continuados por el Comité Secreto (Willermoz, Mirabeau, Court de Gébelin, Bonneville y Chappe de la Heuzière).

Ya publicado

OMNIA VERITAS

Omnia Veritas Ltd presenta:

HISTORIA PROSCRITA
I
LOS BANQUEROS Y LAS
REVOLUCIONES

POR

VICTORIA FORNER

Los procesos revolucionarios necesitan agentes, organización y, sobre todo, financiación, dinero.

LAS COSAS NO SON A VECES LO QUE APARENTAN...

OMNIA VERITAS

Omnia Veritas Ltd presenta:

HISTORIA PROSCRITA
II
LA HISTORIA SILENCIADA
DE ENTREGUERRAS

POR

VICTORIA FORNER

"El verdadero crimen es acabar una guerra con el fin de hacer inevitable la próxima."

EL TRATADO DE VERSALLES FUE "UN DICTADO DE ODIO Y DE LATROCINIO"

OMNIA VERITAS

Omnia Veritas Ltd presenta:

HISTORIA PROSCRITA
III
LA II GUERRA MUNDIAL
Y LA POSGUERRA

POR

VICTORIA FORNER

Distintas fuerzas trabajaban para la guerra en los países europeos

MUCHOS AGENTES SERVÍAN INTERESES DE UN PARTIDO BELICISTA TRANSNACIONAL

OMNIA VERITAS
OMNIA VERITAS LTD PRESENTA:
por John Coleman
LA JERARQUÍA DE LOS CONSPIRADORES
HISTORIA DEL COMITÉ DE LOS 300
JOHN COLEMAN
Esta conspiración abierta contra Dios y el hombre incluye la esclavización de la mayoría de los humanos...

OMNIA VERITAS
OMNIA VERITAS LTD PRESENTA:
LA DICTADURA del
ORDEN MUNDIAL
SOCIALISTA
Todos estos años, mientras nuestra atención se centraba en los males del comunismo en Moscú, los socialistas de Washington estaban ocupados robando a Estados Unidos...
POR JOHN COLEMAN
"Hay que temer más al enemigo de Washington que al de Moscú"

OMNIA VERITAS
OMNIA VERITAS LTD PRESENTA:
La GUERRA
de las DROGAS
contra AMÉRICA
JOHN COLEMAN
El narcotráfico no puede ser erradicado porque sus gestores no permitirán que se les arrebate el mercado más lucrativo del mundo...
POR JOHN COLEMAN
Los verdaderos promotores de este maldito comercio son las "élites" de este mundo

OMNIA VERITAS LTD PRESENTA:

LAS GUERRAS DEL PETRÓLEO

POR JOHN COLEMAN

El relato histórico de la industria petrolera nos lleva por los vericuetos de la "diplomacia"

LAS GUERRAS DEL PETRÓLEO

JOHN COLEMAN

La lucha por monopolizar el recurso codiciado por todas las naciones

OMNIA VERITAS LTD PRESENTA:

Más allá de la CONSPIRACIÓN
DESENMASCARANDO AL GOBIERNO MUNDIAL INVISIBLE

Todos los grandes acontecimientos históricos son planeados en secreto por hombres que se rodean de total discreción

por John Coleman

JOHN COLEMAN
MÁS ALLÁ de la CONSPIRACIÓN
DESENMASCARANDO AL GOBIERNO MUNDIAL INVISIBLE

Los grupos altamente organizados siempre tienen ventaja sobre los ciudadanos

OMNIA VERITAS LTD PRESENTA:

LA MASONERÍA

de la A a la Z

por John Coleman

En el siglo XXI, la masonería se ha convertido menos en una sociedad secreta que en una "sociedad de secretos".

JOHN COLEMAN
LA MASONERÍA de la A a la Z

Este libro explica qué es la masonería

www.ingramcontent.com/pod-product-compliance
Lightning Source LLC
Chambersburg PA
CBHW070906270326
41927CB00011B/2469